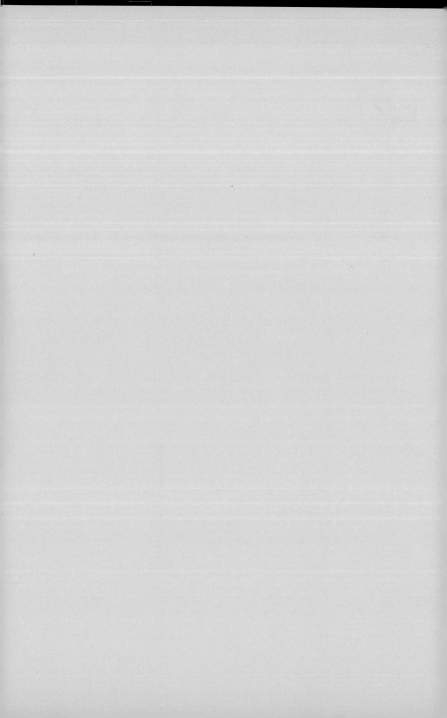

日本の嫌煙権運動45年史

「きれいな空気を吸う権利」を求めて

渡辺文学

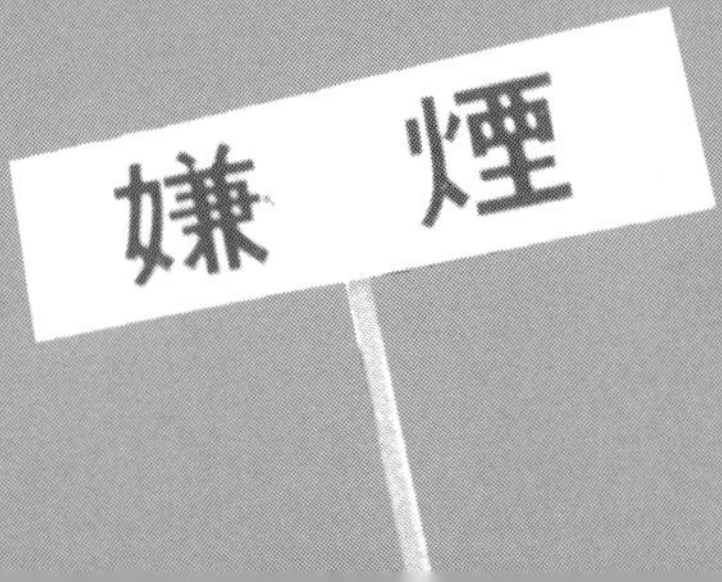

花伝社

推薦の言葉

※敬称略

受動喫煙を防止する運動は、まさに国民からわき起こった運動だった。それをまとめ上げ、国民運動まで持っていった功績者が渡辺文学さんである。それに乗っかり、禁煙医師連盟や日本禁煙学会が発展を遂げていった。これは文学さんによる、苦闘の連続の記録である。ローマは一日にしてならず（『ドン・キホーテ』より）。

——作田　学（日本禁煙学会理事長）

大学で学生に「女性と健康」の授業を続けています。喫煙関連の授業後、学生たちは感想で「新幹線や飛行機がタバコの煙だらけだったなんて信じられない」「病院の待合室や病室でタバコが吸えたなんて」「子どもでもタバコが買えたなんて」と、昔は当たり前だった状況に驚いています。

今回の文学さんの本は、我が国のタバコ問題の歴史書でもあり、現在の状況に至るまでの様々な苦労が分かりやすくまとまっています。全国のタバコ関連のイベントには必ず文学さんの姿がありました。私も一九八〇年代半ばからこの活動に加わり、文学さんとご一緒に活動したことを思い出し、懐かしさがこみ上げます。我が国のタバコ対策が、先進国の中でもかなり遅れを取っている理由も、本書を読めばなるほどと思われることでしょう。嫌煙権で始まったこの活動は、まだ着地点には届いていません。後に続く人々の正義感を後押しする本であることを期待いたします。

——齋藤麗子（日本禁煙推進医師歯科医師連盟会長）

日本の嫌煙権運動45年史——「きれいな空気を吸う権利」を求めて◆目次

第7章　タバコと公共

第8章　タバコと企業

はじめに　禁煙・嫌煙権運動四五年を振り返って

設立総会で司会・進行役を

一九七八年二月一八日午後、東京・四谷の写真文化会館で「嫌煙権確立をめざす人びとの会」の設立総会が、中田みどりさん（「嫌煙権」の名づけ親）と藤巻和氏《しずか》の呼びかけで開かれました。

少し早めに会場に向かっていたところ、中田みどりさんから「文（ブン）さん、今日の会議の司会をやって下さいね」と言われました。それまで公害問題の集会などでたびたび司会・進行役をやっていたのを見ていた中田さんからの要請で、その場ですぐにＯＫして、会場に入りました。

この日、全国各地から六〇名ほどが集い、狭い会議室はテレビ、新聞の取材もあって、熱気に溢れていました。伊佐山芳郎弁護士、安藤栄雄氏（日本消費者連盟）、熊澤健三氏（新宿駅長）なども、タバコの煙は身近な公害問題という視点から発言し、札幌からは黒

1978年2月18日「嫌煙権確立をめざす人びとの会」設立総会

木俊郎弁護士、鹿児島からは秋葉実氏と、次々に煙害を何とかしたいという訴えが続きました。

初のタバコ裁判「嫌煙権訴訟」

運動の最初の目標は「国鉄（JRの前身）新幹線の半分を禁煙車に」というものでした。当時は、新幹線の「こだま号」自由席一六号車に、たった一両の禁煙車があるのみだったのです。

さっそく国鉄本社を訪ね、禁煙車を設けてほしいと要請しましたが、「喫煙する方のために」とか「コンピュータがうまく作動しない」などと言い訳ばかりで、禁煙車を設けようという意思はいっこうに見られませんでした。国会（衆議院）の委員会でも、草川昭三議員や山田勇議員（横山ノック氏）にお願いして運輸省への質問をしてもらいましたが、国鉄の態度はまったく変わりませんでした。

そこで、一九八〇年四月七日、伊佐山芳郎弁護士を弁護団長として、国鉄と専売公社、厚生省を相手取って「すべての列車の半数以上を禁煙車に」と訴える、わが国初のタバコ裁判「嫌煙権訴訟」を提訴することとなったのです。

「たばこ問題情報センター」の結成

当時、私は月刊誌『環境破壊』の発行を中心に、反公害運動と嫌煙権運動の二足のワラジで取り組んでいましたが、一九八五年一一月、平山雄、富永祐民、浅野牧茂の各氏や、各地の禁煙・嫌煙権運動に取り組んでいる方々の賛同を得て、「たばこ問題情報センター」（二〇一〇年から現在の「タバコ問題情報センター」表記）をスタートさせることとなりました。そして、その年の一二月、日本で初のタバコ問題専門誌『ＴＯＰＩＣ』の発行に踏み切りました。

平山雄博士はその創刊号の巻頭言に、「たばこ問題情報センター設立の最大理由」として、「問題の重要性に加えてその情報の激しい流動性にある。（中略）たばこ問題に対する社会の理性的、良識的対応に、本当の意味で役立つ〝機能する情報源〟に成長することを目標に努力したいと考える」と寄せてくださいました。『ＴＯＰＩＣ』はその後第七号まで発行し、国際会議の報告、専門家の意見、弁護士、市民運動家の寄稿などにより、大きな役割を果たしていきました。

『環境破壊』（上）、『TOPIC』（下）

「タバコか健康か世界会議」の開催

一九八三年、カナダ・ウィニペグで第五回「タバコか健康か世界会議」が開催されました。この会議では、国立がんセンターの疫学部長だった平山雄博士による「夫が喫煙者の場合、非喫煙者の妻は肺がんに罹る率が二・〇八倍高くなる」という疫学調査報告が最大の話題となり、セッションの会場はまさに立錐の余地もない超満員となりました。

会議の最終日、北九州から参加された川野正七医師が、次回の開催地として「北九州」を提唱、平山博士のサポートなどもあって、全参加国の了解を得ました。この北九州開催については、日本たばこ産業株式会社（JT）や市議会の横やりが入り、「いったん返上か」という事態にまでなったのですが、富永祐民博士などの取り組みで、結局一九八七年一一月、東京・経団連会館で四日間の第六回「タバコか健康か世界会議」が開催されました。

『禁煙ジャーナル』の発行

第六回の世界会議を機に、私は『環境破壊』の発行をやめて「禁煙運動」に専念することなりました。そして、一九八九年一月、平山博士や川野氏と相談して『タバコと健康』の発行に踏み切りました。

『タバコと健康』紙は一九九一年から現在の『禁煙ジャーナル』に名称を変更し、その後三四年間にわたって発行を続け、通巻三五六号（二三年一二月号）まで継続しています。

タバコ規制——消極的な日本政府の姿勢

二〇〇三年五月、ブルントラント前事務局長の熱心な取り組みもあり、「たばこの規制に関する世界保健機関枠組条約」（FCTC＝Framework Convention on Tobacco Control、以下「たばこ規制枠組条約」）が世界保健機関（以降、WHO）総会において全会一致で採択されました。

日本においても、超党派の禁煙推進議員連盟（当時、小宮山洋子事務局長）が後押しして政府を動かした結果、二〇〇四年一一月に同条約への署名と締結が閣議決定され、二〇〇五年二月、世界的には公衆衛生分野における初めての多数国間条約として本条約が発効されました。

この条約の最大の目的は、「タバコ消費の削減」「屋内全面禁煙」「広告・宣伝の禁止」

でした。そのために、警告表示の強化、タバコの値上げ、禁煙支援の政策強化などのガイドラインが定められていますが、日本政府の姿勢は現在まで極めて消極的なのが残念でなりません。

改正健康増進法

二〇二〇年の東京オリンピック開催予定を見据え、二〇二〇年四月一日から改正健康増進法が全面施行となりました。また、東京都議会と千葉市議会では、政府の甘い規制対策に対して、かなり厳しい受動喫煙防止条例も制定されました。ただし、条件を満たせば「喫煙目的施設」として営業できる等の抜け穴や、喫煙場所が限られたことによるタバコのポイ捨てなど、課題は山積しています。

とはいえ、この四五年間で、日本のタバコを取り巻く状況は大きく変わりました。病院、学校、交通機関、公共の場、野球場、競技場、映画館などの喫煙規制は当たり前となり、タバコのテレビCM、電車の広告、街頭の看板も消えました。

今後は、タバコは「最初から吸わない」そして「吸えない」社会環境を目指して取り組んでいくことが、最も重要なテーマになるのではないかと思っています。

本書の刊行に寄せて

本書では、四五年間の嫌煙権運動の歴史を振り返る「嫌煙権運動のあゆみ」(「あゆみ」)を各章冒頭に、そしてそれぞれのトピックにふさわしい、過去に各誌に寄稿したエッセイなどを、ほとんど当時のまま「資料」として収録いたしました。

本書における各章の資料については、すべて肩書や数字が当時のママであることをここに書き添えておきます。それぞれの発行年を念頭に、現在の状況と比較していただけますと幸いです。

また、「タバコ」「たばこ」と二種の表記がありますが、これにもわけがあります。実は、新聞・雑誌等のメディアでは、植物については「タバコ」とカタカナ表記、その葉を喫煙用に加工したものは「たばこ」と平仮名とするのが通例となっています。外来語なので正しくはカタカナ表記のはずですが、「たばこ税」なども平仮名表記です。平仮名で綴ることによって、読み手に与える印象を柔らかくする意図があるのかもしれません。本書では、固有名詞や引用箇所を除いて、基本的に「タバコ」表記としております。

わが国のタバコをめぐる社会状況は、四五年という長い年月を経て大きく前進しました。

これは、すべての時代における地道な活動と、多くの人々の熱意によって少しずつ勝ち取られてきた変化です（この後に掲載する「『日本のタバコ事情』45年比較リスト」、そして本書末尾の「禁煙・嫌煙権運動&タバコ問題年表」もあわせてご参照ください）。

様々な年代に書かれたそれぞれの「資料」について、現在では信じられないような光景と、都度そこに対峙してきた嫌煙権運動の〝熱〟を感じていただければ幸いです。

タクシー	禁煙タクシーはゼロで、自由に吸えた。※1988年、安井幸一氏が初めて認可。	20年の法改正でタクシー車内は禁煙に。ただし、運転手の喫煙率はなお高いとみられる。
旅客機	機内のタバコ規制はまったくなかった。	1999年以降、国内・国際線とも全面禁煙。
学校内の喫煙規制の状況	多くの学校で、教職員室等の喫煙は野放し。禁煙教育はほとんど実施されていなかった。	20年の法改正で原則敷地内禁煙となった。
民間企業	ごく少数の企業が禁煙・分煙を実施。	20年の法改正で原則屋内禁煙となった。
銀行、郵便局のロビーなど	ロビーの喫煙は野放しだった。	90年代半ばから、一部の銀行で禁煙実施。20年の法改正で原則屋内禁煙となった。
地方自治体のタバコ規制策	1966年、三鷹市役所が鈴木平三郎市長の大英断で、国内初の「分煙庁舎」実施。	神奈川県が「受動喫煙防止条例」施行。兵庫県が続く。北海道美唄市が市レベルでは初の条例施行。多くの自治体が執務中禁煙。
野球場・サッカー場、大相撲、映画館など	野球、ラグビー、サッカーなど、スタンドのタバコは野放し状態だった。映画館も場末に行くと煙が漂っていた。	法改正で、屋内原則禁煙に。屋外の観客席も禁煙となった。大相撲（国技館他）も2005年1月から禁煙。映画館も全館禁煙が常識に。
飲食店	喫煙を規制する飲食店・レストランはほとんどなかった。	禁煙飲食店は増えたが、小規模店では「喫煙可能店」が多く残っている。
訴訟	タバコ関連の訴訟はまったくなし。※1980年4月、国鉄、専売公社、国を相手どって初の「嫌煙権訴訟」提訴。	現在まで約50件提訴。江戸川区河村訴訟が初の勝訴。和解7件、調停3件。裁判官のタバコ問題への無知・無理解続く。
ポイ捨て禁止条例／歩行者喫煙禁止条例	ポイ捨て禁止条例・路上（歩行）喫煙禁止条例などまったくなかった。	2002年10月、千代田区が初の「路上禁煙条例」実施。屋外も法律で配慮義務。自治体の上乗せ条例もかなり増えてきた。

※販売本数、販売者数、税収などはJTの資料から。2023年5月、渡辺文学調べ。

「日本のタバコ事情」45年比較リスト

	1978年の状況	2023年の状況
事業の形態	日本専売公社を通じて、タバコの生産・流通・販売の権限すべてを国（大蔵省）が握っていた。 ※1985年、民営化で日本たばこ産業株式会社に。	政府の株保有率は33.35%。財務省の権限は依然として強く、たばこ事業法も温存。JT岡本薫明副会長は元財務省事務次官。
成人喫煙者率	男性＝75.0%（2,756万人） 女性＝15.0%（602万人）	男性＝27.0%（22年） 女性＝7.0%（22年）
販売本数	3,026億本（紙巻き）	926億本（22年、紙巻き）
販売総額	2兆1,086億円	2兆5,129億円（22年）
加熱式タバコ	0本	522億本（22年）
自動販売機	20万7,819台	9万2,300台（22年末） ※06年ピーク時は62万9,000台
テレビ・ラジオのタバコ広告	放送の頻度は少なく、タバコの広告はほとんどなかった。 ※テレビでは民営化後急増	製品広告はなくなったものの、企業イメージ広告やCSR広告は続いている。※FCTC違反
新聞・週刊誌のタバコ広告	ほとんどなかった。※1985年の民営化後90年代後半まで、日米の銘柄広告合戦続く。	自主規制していたが、最近は紙巻・加熱式ともに銘柄広告を復活。※FCTC違反
看板	ほとんどなし (86～98年がひどかった)。	コンビニなど、タバコの販売場所で続く。
駅・電車広告	ほとんどなし (86～98年がひどかった)。	イメージ広告、CSR広告続く。 ※FCTC違反
病院	病院待合室でもタバコ野放しだった。※78年5月、国立病院の待合室が初めて禁煙に。民間の病院も徐々に禁煙・分煙に。	病院内禁煙は常識に。敷地内全面禁煙の取り組みも加速、全国に波及。「禁煙外来」設置機関は敷地内禁煙が条件となっている。
JR・私鉄の列車、ホーム状況	こだま号自由席にわずか1両禁煙車。9月ダイヤ改正で、ひかり号自由席に1両禁煙車が。駅ホーム・構内のタバコ規制はほとんどなし。	JR東日本・北海道・九州・四国は全面禁煙。東海道・山陽新幹線と近鉄特急で「喫煙ルーム」残る。※23年10月、24年春の新幹線における喫煙ルーム全廃が決定。
地下鉄	喫煙は、駅ホーム・構内ともまったく規制なし。	1988年以降、駅構内終日全面禁煙に。

第1章

「嫌煙権運動」のはじまり

一日六〇本のタバコを断って……

私は一九歳から三九歳まで、二〇年間タバコを吸ってしまいました。最後の数年間はハイライトを一日三箱＝六〇本というチェーン・スモーカーだったのです。六〇本も吸っていながら、常に「やめたい、やめたい」と思っていた苦い記憶があります。

当時私は、公害問題研究会というＮＧＯで、『環境破壊』というタイトルの月刊専門誌の発行に関わっていました。日常的に「反公害」の立場で水俣病、四日市の公害喘息、都市の大気汚染問題などの解決を訴え、また自然保護運動をサポートしているにもかかわらず、自分自身が「タバコ公害」の発生源となっていることに対する自戒の念がありました。

そんなある日、「公害の絵本」作りに取り組んでいたコピーライターの中田みどりさんが、勤めていたデザイン会社の社長・上司の煙害に耐えかねて、「嫌煙権」を提唱しました。当時市民運動が活発に取り組んでいた「日照権」や「静穏権」などの運動を念頭に、人権問題としてタバコの煙を嫌うことも重要な課題であるという思いから生まれたネーミングでした。

この「嫌煙権運動」こそ、現在国際的に大きな広がりを見せている「受動喫煙被害をなくす取り組み」に他ならないものでした。

運転免許停止が禁煙のきっかけに

一九七七年五月六日、この日、私の二〇年間にわたる〝ニコチン嬢〟との付き合いから縁を切る大きな出来事がありました。それは、運転免許証の一年停止という警視庁の処分でした。スピード違反や駐車違反が重なって、「一年間免許停止」ということになってしまったのです。当時、車にも毎日乗っていました。宅急便などなかった時代ですから、公害・環境問題の資料を入れたダンボールを三箱や四箱、トランクと後ろの座席に積んで、全国各地の住民運動の現場や労働組合の大会などに出向き、販売していました。

その夜、「イギリス王立医師会の調査によると、タバコ一本で五分三〇秒寿命が縮まる」というNHKニュースを見ました。さっそく電卓で計算してみると、私の場合、十年以上も寿命が短くなるではありませんか。

タバコは『環境破壊』誌の原稿を書くために、そして車は荷物を運ぶために、どちらも

「必要悪」などと言い訳をしながら過ごしてきたのですが、運転免許のほうは停止処分となってしまったのですから、この際タバコもやめようと決心し、その夜から文字通り「断煙」に踏み切ったのです。

嫌煙権バッチ（下は新デザイン）

「嫌煙権バッチ」の作成

中田みどりさんは、その夏、職場の社長・藤巻和《しずか》氏とも相談して「嫌煙権バッチ」を作成しました。幼児とチューリップの花をデザイン化した直径五センチの丸い金属に「嫌煙・タバコの煙がにがてです」というコピーを配し、公害問題や消費者運動に取り組んでいる人に買ってもらい、ささやかな意思表示を始めました。しかし、胸にバッチを着けているだけでは運動がなかなか広がらないことから、翌一九七八年二月一八日、「嫌煙権確立をめざす人びとの会」（以降、「人びとの会」）の結成を呼びかけ、四谷駅前の小さな会場で設立総会を開催することとなったのです。

会の発足集会で司会を頼まれて

この日、午後一時半からの会のスタートでしたが、少し早めに会場に向かっていたところ、中田みどりさんに出会い、「ブンさん、今日の司会・進行をやって」と言われたのです。いきなりの要請でしたが、これまで多くの公害反対の集会やシンポジウムなどで司会役をやっていましたので、あまり後先を考えずに引き受けてしまいました。

当時のタバコを巡る社会状況は、文字通り吸って当然、捨てて当然の世の中で、航空機、観光バス、職場、そして病院の中まで、タバコの煙と臭いが溢れていました。公共の場では、新幹線「こだま号」の一六号車にたった一両、禁煙車があっただけでした。

当日は約六〇人の関係者が参加しましたが、メディアの取材がものすごく、二月というのにテレビ局各社のライトと参加者の熱気で会場はムンムンとしていたことを思い出します。

この「嫌煙権運動」発足の日、たまたま早めに会場に向かったことが、その後ライフワークとして「禁煙・嫌煙権運動」に関わるきっかけとなりました。これも〝運命〟と捉えるべきなのでしょうか。

燎原の火のように広がった

「人びとの会」の発足は、全国に波紋を広げていきました。中田みどりさんが働いていた小さなデザイン会社には、連日たくさんの手紙、はがきが寄せられ、二か月間でダンボールに三個分も溜まってしまいました。その内容は皆、タバコの煙に悩まされているという切々たる訴えでした。職場で、交通機関で、銀行・郵便局のロビーで、飛行機の中で、病院の待合室で、映画館で……日本全国津々浦々、タバコの煙は野放しでした。

この年の四月四日には、伊佐山芳郎、秋山幹男両弁護士の呼びかけで、東京弁護士会のメンバーを中心に二〇名が集い「嫌煙権確立をめざす法律家の会」（以降「法律家の会」）が発足しました。法律的側面から市民運動をバックアップするためです。「法律家の会」は主に二つのテーマに取り組みました。一つは公共の場所での喫煙を規制する法律案の作成、もう一つは国鉄や専売公社に対する訴訟提起の検討です。

「全国禁煙・嫌煙運動連絡協議会」が発足

「法律家の会」結成の五日後、全国の禁煙団体と嫌煙団体が大同団結することとなり、東京・荻窪の東京衛生病院に一一団体の代表二二名が集まりました。団体の内訳は、「日本禁煙友愛会」（長野）、「NSクラブ」（富山）、「日本禁煙連盟」（静岡）、「日本禁煙貯蓄連盟」（兵庫）、「日本禁煙協会」（横浜）、「日本キリスト教婦人矯風会」「人間性本部」「五日でタバコがやめられる会」（東京）の八団体。嫌煙団体の内訳は、「非喫煙者を守る会」（札幌）、「タバコの害を追放する女たちの会」（名古屋）、そして「人びとの会」です。

熱心な議論の結果、「全国禁煙・嫌煙運動連絡協議会」が結成されました。初代会長には日本禁煙協会の白石尚氏が、そして事務局長に私が選ばれ、日本全国を視野に入れた運動に取り組むこととなったのです。

国会でも、草川昭三（公明・国民会議）と古寺宏（公明）の両議員が、四月一一日、衆議院の公害環境特別委員会で、厚生省に対して病院待合室を禁煙化すべきと質問しました。これを受けた厚生省は、国立病院・療養所を原則禁煙にすると答弁。同月二八日に医務局は、「待合室等では原則禁煙に」と通達を出しました。

この質問が契機となって、「嫌煙権確立を支持する国会議員の会」が五月一〇日に超党派で発足。会長は向山一人氏（自民）、事務局長は草川昭三氏で、参加した議員は島本虎三（社会）、柿沢弘治（自民）、秦豊（社民連）、和田耕作（民社）、田中美智子（共産）、

1979年6月4日全国一斉禁煙・嫌煙行動／銀座通りをデモ

山田勇（横山ノック・無所属）の八氏（肩書はすべて当時）でした。

銀座通りで日本初の「嫌煙権デモ」

「嫌煙権運動」は、予想をはるかに超えてマスコミの話題となり、全国にこのネーミングが知れ渡りました。これをさらに浸透させたいと考えた私は、ちょうど六月五日から始まる「環境週間」の前日に何かイベントをと考え、六月四日、東京駅近くの国労会館でアピールを採択した後、銀座数奇屋橋通りで、日本初となる「嫌煙権デモ」が実施されました。プラカードや帽子、ゼッケンが手作りで用意され、禁煙団体からも多数の方々が参加。日本禁煙協会のボーイスカウトやガールスカウトの子どもたちも一緒に雨の中を歩きました。

日本専売公社を初訪問

イベントに続けて、「人々の会」と「法律家の会」は、六月二二日、日本専売公社を訪ねました。総裁は外国出張中とのことで、斉藤欣一副総裁が応対。私たちは①タバコの箱に「吸う場所に注意」と印刷する、②有害成文の表示を行う、③喫煙マナーの徹底をPRする、④タバコ広告の禁止、を盛り込んだ要望書を持参、話し合いを行いました。問題の受動喫煙の害について公社側は「普通の社会生活では一般人への影響は認められない」と反論し、話し合いは平行線でした。そこで私たちは、文書での回答を求め、この場を去りました。

七月一九日、専売公社からの回答が送られてきました。回答者は広報課長の志塚《しづか》次郎氏。藤巻氏の名前も「和」（しづか）なので思わず笑ってしまいましたが、回答内容はまったく白々しいもので、「嫌煙権をめぐる問題は、吸う人と吸わない人がお互いの立場を尊重する心づかいの問題」「特異な体質や疾患のある人、乳児は別にして、普通の社会生活の中では健康への影響は認められない」と開き直っており、①表示は変えるつもりはない、②ニコチン・タールの量は、店頭に掲示しているので十分、③広告は喫煙と健康の問題に消費者の関心が寄せられているので情報は必要だが、外国に比べれば控えめのはず、などと、木で鼻をくくったようなものでした。

第1章資料解題

第1章の資料として、嫌煙権運動が始まって三年が経過した一九八一年に執筆したもの三点を収録しました。

二〇二三年時点での日本の男性喫煙率が二五・四％（厚生労働省）であることを考えると、資料①に出てくる約七〇％という当時の喫煙率は恐るべき数字です。「吸うのが当たり前」というこの時代に、嫌煙権運動はどのように受け止められ、またその後の運動拡大の萌芽はどこにあったのでしょうか。幅広く市民運動の展開されていた当時においても、嫌煙権運動に理解を示さない活動家がいた一方で、嫌煙権運動が徐々にメディアや人々の注目を集め始めていた様子を知っていただけると思います。

資料① すべての教育関係者に訴える

（「嫌煙権だより」No.5、一九八一年五月二五日発行）

青少年喫煙者が増加

嫌煙権運動が始まってから、早くも満三年が経過した。

ここ一〜二年の間に、浅野牧茂氏（国立公衆衛生院体力衛生室長）や、平山雄氏（国立がんセンター研究所疫学部長）などのタバコ問題に対する熱心な研究もかなりマスコミ、ミニコミに取り上げられ、また国会や地方議会、医学関係団体の集会、催物でも喫煙問題か大きくクローズ・アップされている。

そして一時期、八五％をも示していた成人男子の常習喫煙者率は、昨年五月の「専売公社データ」によると七〇・二％にまで落ち込んだ（すでに六〇％台にまで落ちているとの予測もある）。

これは、やはり禁煙、嫌煙運動の動向や、医学的観点からの忠告などによる中・高年層の〝タバコ離れ〟が大きく作用していることがその原因であろう。

しかし、しかしである。この中・高年層のタバコ離れをカヴァーして、なおかつ総本数を上廻るのではないかと思われるのが、青少年の常習喫煙者の増加である。

各種のアンケート調査などでも高校生の七割以上、中学生でも五割（常習者以外も含むか）などという恐るべき数字か出ている。

教育問題でWHO勧告

WHOは、七〇年代に入ってから、加盟各国にキメ細かな勧告を何回となく行っており、その前文ではこう言っている。

「各国の政府は、喫煙制限の運動を責任をもって推進し、民間の組織がそのような運動を起こすことを奨励すべきです。この運動には、知識の普及、禁煙希望者の支援、必要な法令の制定、研究の推進などが含まれなければなりません」。

そして、この前文に基づきいろいろと具体的な対策について言及しているが、特に教育問題に関する勧告を最重要課題としている。

「子どもに対する保健教育は、早い時期に家庭と小学校とで始めるべきであり、全教育課程を通じさまざまな段階で強化すべきです」。

「最も重要なのは、医師とその他の保健関係の職業、体育指導者、特に生物学の分野の教師です」。

「学校、教員の訓練施設、大学、その他の教育機関での健康教育機関での健康教育計画の重要な一部として、喫煙の健康に及ぼす害についてのカリキュラムや教育材料を保健機関と教育機関が協力して作成することです。特に教師が、健康教育の全分野をこなす能力を増進する努力が必要で、健康教育の材料は、つねに教師に与えられていなければなりません」。

教師に欠ける有害意識

わが日本政府は、WHOに毎年多額の分担金を支払っており、五五年度には四一億円も支出している。国民の健康を守ることが何よりも重要であることは論を俟たないが、WHOが、「喫煙をとるか健康をとるか」と昨年は〝世界禁煙年〟(日本心臓財団の〝翻訳〟による)を提唱したのに対し、政府のこの問題の窓口である厚生省は、一度の「通達」と、四月四日(昨年)に「シンポジウム」を開いてお茶をにごしただけ。しかもこのシンポは、宮城音弥氏、千葉康則氏など、専売公社の顧問をしている〝タバコ擁護論者〟を二人も加えたもので、まじめな医学者や、識者から大きなヒンシュクをかったものである。

厚生省と同様に弱腰なのか国鉄で、「こだま」「ひかり」にたった一両の禁煙車を設けただけで、私たちが要求する〝在来線にも〟という切なる願いに対し、なんのかんのと屁理屈をつけて意欲を示さない。

こうなると、もはや頼るのは、文部省と日教組の「教育プログラム」にしかないのではなかろうか。

無資源の日本は「人材が資源だ」などといわれている。しかし、その〝人材〟は、すべての教育過程で、タバコについての正確な情報、有害性、諸外国の実態などほとんど知らされていないのが現状だ。そういう〝人材〟が、政府の役人となり、企業の中堅となり、政治家となり、教師となる……。

これでは、せっかくのWHOの勧告が、わが日本国では受け入れられるハズがない。

すべての教育関係者、教育機関は、「タバコ病の流行」（平山雄氏の指摘）に対して、次代を担う青少年の健全な発育目指して、今直ちに具体的な行動を開始すべきである。

資料②　「たかがタバコ……」か？

（「嫌煙権だより」No.６、一九八一年九月二七日発行）

「市民運動」とヒトクチに言っても、本当にたくさんの数の運動がある。公害反対や自然保護、反戦・平和、消費者運動、婦人問題、部落解放、障害者のためのボランティア活動など、日本全国でその数を数えたら、何千、何万ものグループや団体数になるだろう。数多くの市民運動に共通していることは、人間の「人権」と「生命・健康」を守ることが基本となっていることである。

特に私たちが主張しているのは「タバコの煙で汚れた空気を吸わされない権利」を中心に運動を進めているわけだが、どうも運動の発足当初から、「嫌煙権」という文字、あるいは「ケンエンケン」という語感からくるのか、学者、文化人、芸能人などの中にアレルギー症状を示し、反論を加えてくる人たちが居る。

つい最近も、矢崎泰久さん（革新自由連合代表、『話の特集』編集長、中山千夏参議院議員秘書）という方が、革自連の機関誌・月刊『ＵＰＬ』誌上で、こんな一文を書いておられる。

（「『嫌煙権』については、反対の立場をとるものでない」という趣旨で、いろいろと述べたあと、結論的に）「あえていわしてもらうならば、『嫌煙権』は、たかが、タバコ、タバコの問題である」（中略）「はっきりいって、タバコになんぞかかわりあってはいられない」（傍点筆者）。

矢崎さんのこの発言を見る限り、特に「たかが、タバコ、」というご認識では、いくら最初の方で嫌煙権運動について反対するものでないと再三くり返してみても、これではまったく平行線である。ボタンが初めからかけ違ってしまっているのである。

多くの市民運動が、「生命・健康」を守るためにとりくんでいることは先ほど述べた通りである。

嫌煙権運動も、その大きな流れの中で運動をすすめてきたのであるし、今後もそうするつもりである。タバコの有害性は、今や常識であり、ＷＨＯの一九七〇年代に入ってから何回かの勧告や、決議でも、実にキメ細かく加盟各国に反喫煙対策を指示している。

国内でも、国立がんセンターの平山雄博士の疫学調査により、明らかにタバコと発がんは密接な関係があり、ヘビースモーカーの夫を持った奥さんは、そうでない場合より早死にするというデータが発表されて話題をまいた。

また、国立公衆衛生院の浅野牧茂博士は、Passive Smoking＝受動的喫煙の害をさまざまな実験で立証し、非喫煙者の当然の要求として「嫌煙権」の主張を学問的に裏づけて下さっている。矢崎さんのおっしゃるような「たか、が、タ、バ、コ、」では、今や通らない時代なのである。

一昨年の『毎日新聞』世論調査によれば、タバコをやめられればやめたいという喫煙者は七〇パーセント以上もおり、また嫌煙権運動に理解を示す喫煙者も六四パーセントと非常に多い。現に、筆者の友人、知己の方々の中にも、数多くの喫煙者が存在するが、「たかがタバコ」などとアタマから喫煙問題を軽視なさる方などほとんど居ない。

入浜権運動の代表、高崎裕士さん、同じく入浜権と日本なぎさ保存運動に熱心に取り組んでいる小西和人さん、本号にも寄稿して下さった市民運動全国センターの須田春海さん、日照権運動の片山徹さんなど、タバコはお吸いになるが、皆嫌煙権運動には一目も二目も置いて下さっている。

この中で、ヘビースモーカーの筆頭は小西和人さん。両切ピースを一日に二罐というものすごさ。『週刊釣りサンデー』という釣りの専門誌の社長さんでもあり、毎号、「釣れ釣れウィークリー」なるコラムを連載しておられるが、その記事の中では「私は渡辺さんとは〝対角線上〟に位置するが……」などとユニークな記述で、決して嫌煙権運動に取り組んでいる人の神経をサカナデするような表現はなさらない。

本号では、いろいろな市民運動に関わっておられる方から、寄稿いただいた。それぞれの運動に熱心に取り組んでいて、タバコ問題にも、非常に理解ある発言をいただいている。

私たちは、幅広くこうした人々や、あるいは、喫煙者の中にも一人でも多くの運動の理解者を増やして行く努力を怠ってはならない。そのためにも、やはり私たちの運動自体も「TPO」を考えて、野球で言えば、〝直球一本やり〟の投げ方ではなく、時にはカーブやシュートやスローボールも投げてみなくてはならない。

あせらず、あわてず、冷静に取り組んでいけば、私たちの訴えは必ず認めてもらえるはずだ。

資料③ 「受動喫煙」の有害性と嫌煙権運動

（「嫌煙権だより」No.8、一九八二年九月三日発行）

五月二九日、新宿駅西口前の安田生命ホールでおこなわれた「職場の喫煙問題を考えるシンポジウム」は、三五〇名の参加者があり、マスコミ報道もかなり大きく扱ってくれて大きな成果を収めました。同シンポジウムの開催に際して、ご協力下さった全国各地の団体、個人の皆様に心から御礼申し上げます。

今回は、「実行委だより」でもお知らせした通り、5・29当日の報道のみならず、事前に読売新聞、毎日新聞、NHKテレビなどが、ずいぶん「職場」の問題で特集を組んでくれました。

タイミングとしても、ちょうど五月中旬に「世界肺ガン会議」が東京・新宿で行われたばかりで、喫煙問題に対する世論も、非常に注目を集めていた時期でもありました。

シンポジウムの内容等については、四面にゆずりますが、いずれにせよ、タバコ問題が、「受動喫煙」（間接喫煙）という古くて新しい問題に焦点を合わせ、私たち〝嫌煙権〟の主張が、当たり前のこととして受けとめられる時代になったことが、大きな成果といえるでしょう。

「受動喫煙」の有害性が大きく報ぜられるようになり、またその考え方が深く広く浸透して行けば、専売公社が盛んにキャンペーンしている「マナー論」あるいは、世間一般の理解のない人たちから出されている「趣味嗜好に口出しするな」というような意見は、まったく非常識な、実情を踏まえない〝開き直り〟でしかないことが証明されてきます。すなわち、「列車の中で、例え隣の人に〝吸ってもいいですか〟と断わっても、身近な空気汚染であり、受動喫煙の実害は変らない」ことになり、また、個人の「趣味・嗜好」であっても、タバコの煙が他の人の迷惑になり、有害であることからその押しつけは許されない、ということになってくると思うのです。

新製品「ノバ」で追及される専売公社の姿勢

この間、私たちの運動に大きな影響を与えてくれる様々な出来事がありました。

その一つは、『暮らしの手帖』が、「受動喫煙」の害を、同社の実験室を使って実にわかりやすく証明し、特集してくれたことです。もう一つは『リーダーズ・ダイジェスト』誌が、「タバコ添加物の有害性」を紹介し、この記事が引きがねとなって、日本消費者連盟が専売公社に「公開質問状」を提出したこと、これを受けて、草川昭三衆議院議員が、政府に対し「質問主意書」を提出してくれたことなどがあります。

　タバコ添加物に関しては、八月一日から専売公社が「ノバ」というタバコを発売し、その煙に四種類の香りをつけたことで改めてその危険性が問われています。同時に、この「ノバ」が若い女性や未成年者に販売促進を行うことが『日刊スポーツ』や『日刊ゲンダイ』『朝日』などで報道され、専売公社の姿勢が追及されています。

積極的に運動の輪を

　昨年九月の第三回総会から早くも一年を迎えようとしていますが、全国各地の「なかま」の皆さんとお互いに連絡を密にしながら、禁煙、嫌煙の運動をさらに大きな輪にしてゆきたいと思います。

　会員、関係者の方々は、どんな小さなことでもけっこうですから、運動に役立つご意見やご希望を、事務局までお寄せ下さい。

第2章

日本初の「嫌煙権訴訟」提訴

国鉄・国（厚生省）・専売公社を訴える

ひかり号にも禁煙車を

一九七八年六月二三日、「人びとの会」と「法律家の会」は、専売公社に続いて国鉄を訪ねました。とにかく、「こだま号」の一六号車以外はすべて、新幹線も在来の特急・急行列車も、通勤の長距離列車も、禁煙車両はゼロだった時代です。総裁に面会を申し入れましたが、面会の場に出てきたのは旅客サービス課長と課員の三名でした。

要望の内容は、①すべての列車、電車、バス等に禁煙車両（席）を半数以上設けよ、②駅構内は喫煙場所を限定し、他は禁煙にせよ——というごく当たり前のものでした。

私たちは当面、「ひかり号にも禁煙車を一両」という要求を行いましたが、サービス課長は「自由席が少ない」「窓口が煩雑になる」「愛煙家の客に迷惑をかける」などの理由を挙げ、まったく議論はかみ合いませんでした。駅構内の喫煙規制についても、「すでに禁煙タイムを導入している駅がかなりあるので……」と言葉を濁し、はっきりとした回答を避けました。平行線の議論を続けるわけにもいかず、この日はこれで国鉄本社を後にしましたが、私たちはその後、文書による回答を求めて、再三申し入れを行いました。

二か月後の九月一一日、ようやく回答が参りました。その内容は、①大都市周辺の国鉄・近郊電車、一部の通学・通勤電車、こだま一六号車、寝台車の寝台内の禁煙を実施している、②東京近郊での禁煙タイム実施駅が三七駅あり、一〇月からは山手線内全駅で実施する、というもので、禁煙車の増設も駅構内の禁煙もとんでもないという、まったく後ろ向きの回答でした。あまりにひどい、いわば〝木で鼻をくくった回答〟に、抗議文を送る意欲もなくなってしまったというのが、その時の実感でした。

「喫煙と社会」ヨーロッパ会議に参加

八月二八日～三一日、オランダ・ロッテルダムで第二回「喫煙と社会ヨーロッパ会議」が開催されました。この会議に、藤巻和氏と日本禁煙協会会長の白石尚氏、富山ＮＳクラブの会長五十嵐信一夫妻の四名が出席しました。

この会議には、タバコ問題のラルフ・ネーダーの異名をもつアメリカの若き弁護士ジョン・バンザフ氏が参加し、積極的な発言を行っていました。バンザフ弁護士は、一九七〇年、米タバコ会社による電波媒体のタバコCMを中止させたことで一躍有名になった弁護士で、「いまや会議のときではない。実際に行動すべき時代である」と熱弁をふるって、参加者の注目を集めました。

藤巻、白石、五十嵐三氏は、日本の大幅に遅れた現状を報告し、各国の代表からいろいろと反喫煙運動のコツなどを教えてもらいました。会議終了後、三氏はフランス、イギリスの公共輸送機関のタバコ規制状況を視察し、またイギリスの禁煙推進団体ASH（Action on Smoking and Health）を訪ね、帰国後、九月一一日に四谷主婦会館で帰国報告会を行い貴重な体験談を伝えました。

「喫煙の場所的制限を考えるシンポジウム」開催

同年一一月二五日、東京・家の光会館で一〇〇余名が参加して、シンポジウムが開催されました。全国各地から禁煙・嫌煙運動の関係者が参加し、国会からも向山一人、草川昭三両議員が出席。作曲家の中田喜直、新宿駅長の熊沢健三、国立がんセンター疫学部長の平山雄、東京衛生病院の林高春、愛知県がんセンターの富永祐民、歯科医師の藤下悌彦、

喫煙の場所的制限を考えるシンポジウムの様子（1978年11月25日）

「法律家の会」の伊佐山芳郎の各氏からそれぞれ挨拶がありました。また、日本弁護士連合会の北尻得五郎会長とＴＢＳテレビ『モーニング・ジャンボ』の宮崎総子さんからは特別なメッセージが寄せられ、このシンポジウムに花を添えていただきました。

　秋山幹男弁護士の司会によるパネルディスカッションでは、初めに産婦人科の可世木辰夫氏によって、愛知県医師会の保健教育担当者としての一五年間の活動と反省から、病院・保健所などの禁煙化の緊急性が訴えられました。

　次いで、札幌から参加した非喫煙者を守る会の代表理事・黒木俊郎氏が、道内各地の病院・行政機関、国鉄、日本航空などに対する粘り強い活動経験をもとに、総論的な問題を提起しました。また学校・家庭などでの問題について、東京都教育委員会の小保盛男氏が、外国の状況について は白石尚氏が、それぞれ報告を行いました。

各氏の提言をもとに討議が行われ、富山、千葉、広島、北海道、東京などの医師、教師、保健婦、社会人、学生などが次々に発言、議論を深めました。

この日の結論として、喫煙の場所的制限を実現させる方針として、①立法化の促進、②投書作戦の徹底、③署名・申し入れ等の活動の活発化、の三点を確認し、アピールを採択して終了しました。

国鉄禁煙車両設置署名運動始まる

一九七八年二月に旗揚げした「嫌煙権運動」は数多くの話題を提供しながら、この年が経過しました。「人びとの会」は、翌七九年以降の運動をどうするか、いろいろと話し合った中で、やはり国鉄の新幹線ひかり号に焦点をあて、署名運動に取り組むこととしました。その時の呼びかけ文は以下の通りでした（「嫌煙権だより」七九年八月一五日号）。

《禁煙車設置署名運動にご協力ください》

79年6月行動として「ひかり号に禁煙車を！　禁煙車両設置100万人署名運動」を始めました。こだま号に禁煙車両が設けられていることから考え、ひかり号自由席車4両のうち1両が禁煙車になる可能性は、かなり高いと思われます。100万人というのは並たいていの数ではありませんが、皆さまのお力で、なんとか書名欄をうめてください。9月下旬には、国鉄につきつけたいと考えています。

この署名運動と並行して、伊佐山芳郎弁護士からは、「国鉄相手の訴訟も……」と題する呼びかけがありました。

昨年私たちが国鉄当局に要望に行ったとき、当局側は、新幹線〝ひかり〟をはじめ長距離列車に禁煙車を設けると、長時間がまんしなければならない喫煙者にお気の毒だなどとふざけたことを言っていた。そしてまた、6月23日の朝日新聞夕刊によると、国鉄のサービス課長が「自由席4両のうち1両を禁煙車に決めても、タバコを吸う人ががまんしてこの車両に乗ってきて、肝心の嫌煙の人たちが禁煙車に乗れない状態になる」と言っているそうである。私たち法律家の会としては、署名運動を背景に具体

1979年6月24日100万人署名@新宿の様子

的な訴訟の提起を真剣に検討したいと考えている。

国鉄本社に署名簿を持参

「ひかり号に禁煙車を！」の署名運動は、目標の一〇〇万人には届きませんでしたが、この年一一月までに三万五〇〇〇余の方々の貴重なサインを頂きました。何のバックももたない私たちの運動に、多くの方々が賛同して下さったことは、いかに禁煙車が望まれていたかの証明ではないでしょうか。

一二月一〇日、「人びとの会」と全国協議会に加盟している在京団体の代表など一五名が国鉄本社を訪ねて、この署名簿を提出しました。対応したのは、吉武常務理事と猪俣旅客サービス課長でした。私たちは、署名用紙を両氏の前に積み上げて、いかに多くの人々が苦しい思いをしているかを訴えました。しかし、両氏とも非喫煙者にもかかわらず「長時間、愛煙家の乗客にがまんを強いるのは申しわけない」「ひかり号には自由席が少ないのにうち一両を禁煙車にするのは問題が多すぎる」と、なぜか喫煙者寄りの発言ばかり。この日同席して頂いた「国会議員の会」の事務局長・草川昭三氏は、「禁煙車を設置するのか、しないのか！」と声を荒げて吉武常務理事に迫りましたが、「何とか今年度中（八〇年三月末まで）には設置するかしないかを決めます」という玉虫色の回答があるのみでした。

国鉄・国（厚生省）・専売公社を被告として訴える

アメリカでは、すでに七〇年代から、タバコ関連の訴訟が数多く行われており、また受動喫煙による健康被害についても、いくつかの州で裁判が行われていました。

ところが日本ではこのような動きはまったくなく、その最大の原因は、なんと言っても明治時代からの専売制度で、国がタバコの製造・流通・販売を一手に引き受けてきたことから、時の政府を相手どっての裁判などまったく考えられなかったという背景がありました。したがって、国鉄の全車両についても、タバコを吸うのが当たり前のこととなっていたのです。

さて、国鉄当局のタバコに対する無知・無理解発言が続く中、この状態を打開するにはどうしたらよいのか。伊佐山弁護士を中心に「法律家の会」と「人びとの会」で話し合い、その結果、「これはもう裁判闘争をするしかない」という結論に至りました。人間の生存にとって根本的な健康と生命を害されることに、なぜ甘んじなければならないのか。特に赤ちゃんや妊婦、喘息患者や他の身体の弱い人は、絶対的な要保護者です。

裁判を起こすには原告が必要です。「国鉄のタバコ野放し列車に乗って、タバコを吸わない者が健康被害を受けた」という要件に該当する原告として、四人が名乗りを上げました。沖本美紀子さん（地方公務員）、中田みどりさん（コピーライター）、福田みどりさん（教員）、そして和田廣治さん（地方公務員）の四氏です。

こうして、「WHO世界保健デー」である四月七日、この四氏と伊佐山弁護団長他一二名の弁護士が代理人となって、日本で初めての「嫌煙権訴訟」が東京地方裁判所に提訴されました。

第一回目の口頭弁論は六月一六日に行われました。この日、原告を代表して福田みどりさんが陳述を行いました。福田さんは、広島の友人の結婚式に招かれた際の「ひかり号」で周囲の男性のタバコで眠りを妨げられ、健康を侵されたこと、非喫煙者、特に子どもたちや妊婦が受動喫煙を受けないで旅行ができるよう、せめて二両に一両は禁煙車を設けてほしいと切々と訴えました。

第2章資料解題

第2章の資料として、一九八〇年の嫌煙権訴訟の様子を綴ったもの、同年の専売公社のタバコ輸出計画を非難したものを『旬刊民報』への寄稿から二点収録しました。

日本には当時から今まで多種多様なイシューでの市民運動が展開されていますが、その多くに「人権と平和」のテーマが共通しています。資料①で、かつて軍拡路線の延長に「タバコの専売制度」が生み出された歴史をご紹介していますが、当時の市民運動の現場は必ず紫煙がたちのぼっていた有様で、こうした事実を知って行動に移してほしいとの願いから執筆したものでした。

資料②は、タバコの国内での売れ行きに陰りが見え始めたことから、これを海外へ売り出すべく新しい民間輸出会社の設立が決まった旨を批判した記事です。なお、二〇二一年時点で、国内の紙巻きタバコの販売本数は九三七億本となり、資料②が書かれた頃に比べて三分の一に減っています。一方、海外での販売本数は四三五七億本に達し、国内販売を上回っています（JTウェブサイトより）。海外タバコ事業の売上収益が全社全体の利益の六三・五％を占めている今、「死の商人」という当時の批判がそのまま通用するようです。

最後に資料③では、「あゆみ」で触れた嫌煙権訴訟から、第二次訴訟の様子をお伝えしています。嫌煙権を求める訴訟は二〇二三年現在までに約五〇件提訴されていますが、一九八〇年の嫌煙権訴訟が日本で初めてのケースとなりました。この訴訟は判決までに実に七年の時を要しましたが、年々嫌煙権をめぐって世論の関心が高まっていく様子を読み取っていただければと思います。

資料① 戦費調達のためにできた「煙草専売法」

（「広がる嫌煙権運動」、『旬刊民報』一九八三年一一月一五日号）

今回は「タバコ専売制度」について掘り下げてみたい。

明治政府が成立した一八六八年の大きな課題は、財政問題だった。どのように財源を確保するかに頭を悩ませた政府は、税制を導入し、相つぐ増税で軍備増強費をねん出しようとしたのである。

かつて民営だった「タバコ」が、その税制の中で次第に専売制へと移行していった。当初は、葉タバコの耕作者と、製造業者との間に立って独占的な商業利潤を得るという方式の、いわば半官半民的な性格だった。

一八九四年（明治二七年）日清戦争が勃発した。この戦争は、日本軍の圧倒的な勝利のうちに翌九五年四月終わった。この戦争は日本の資本主義の成立にとって画期的な意義をもたらした。民間産業が活発な動きをみせ、生糸、織物、錦糸などの繊維産業はめざましい発展をとげた。

しかし、富国強兵路線の推進で、当時の国家予算一億円未満のなんと五倍以上、五億円以上の巨額の軍事費が計上されたのだ。日清戦争の戦費は、二億二五〇〇万円で、これらは通常の経費をはるかに超えるものであり、政府は、増税と公債の発行でこれをまかなおうとしたのである。当然この政策は国民生活に多大の犠牲を強いるものとなった。

一九〇四年の日露戦争では、実に一九億八五〇〇万円の戦費が計上された。当時の国家予算が二億六〇〇〇万円だったから、この七倍にも相当する大変な戦費がかかったわけである。

この年、「煙草専売法」による完全専売制が敷かれた。〝戦費調達〟の大号令の前に、最も負担感にベールがかかっている「間接税」のとりやすいタバコが、国の独占企業となったのは、この時からだった。このように見てくると、明治政府の軍拡路線とタバコ専売制とはまったく軌を一にしており、これは、大正～昭和と元号が変わっても同じ考え方が貫かれている。

一九四一年に、日本が起こした太平洋戦争でも、出征兵士に対する「恩賜のタバコ」が供給され、喫煙人口拡大の方針が、国自らの手によって進められていった。

弁護士浅野晋氏は、「タバコ専売の歴史は〝戦争に起因する財政需要の圧力〟による制度改変の歴史であった」と述べている。（「たばこ民営論をめぐるシンポジウム」）

またフリージャーナリストの山口富夫氏も、「ある日突然に〝煙草専売法〟が成立したのではなく、軍拡路線のひとつの所産として捉えることが正しいだろう」（『記録ジャーナル』八二年第一巻）と解説している。

戦争とタバコが、このように密接に結びついていることを、多くの人は意識していないと思う。もちろん、教育プログラムの中にも、まったく入れられていないし、それどころか、有害性についてもほとんど実効性のある教育が行われていないのだから、〝喫煙人口世界一〟などという不名誉なことになっているのだろう。

さて、多くの市民運動の共通したテーマは「生命、健康を守ること」である。そして特に最重要課題として、「反戦・平和」は誰しもの願いだ。ところが、反戦の集い、反核の集会、平和のための労働者の集会、革新団体、民主団体の集会で、いつも気になることは屋内の会合だろうが屋外の集まりだろうが、必ず紫煙がたちのぼっていることだ。

反戦・平和の問題に取り組んでいるグループや個人は、今の政府・自民党の軍備拡張路線に反対している。口で、反戦・平和を叫ぶなら、行動としても、タバコ専売制の歴史を知ったなら〝喫煙〟にブレーキをかけてほしいと考えるのは私の身勝手だろうか。

人気俳優を起用し、広告・宣伝を強化してタバコの売り上げを伸ばしている専売公社とそれを黙認している日本政府の姿勢に対し、反戦・平和を願う一人でも多くの人が鋭い批判と追及を行ってもらいたい。

資料②　専売公社のタバコ輸出計画を阻止しよう

（「広がる嫌煙運動」、『旬刊民報』一九八四年二月二五日号）

日本専売公社が、四月一日から、「日本たばこインターナショナル」という民間輸出会社を設立するという。このニュースは、一月一〇日付の『日本経済新聞』と、同一一日付の『日本農業新聞』で知った。このうち、『日本農業新聞』が、かなり詳しく突っこんだ記事となっているので、その内容を紹介したい。

「新会社は資本金五億五千万円で設立。公社が五億円を負担、残りをタバコ配送会社など、公社関連企業十一社が出資する。海外市場調査や、海外向けの広告宣伝活動、販売戦略などを一手に引き受け、当面はフィリピン、シンガポール、香港など東南アジア重点の輸出体制をとり、将来は中国、中近東、欧州市場にも輸出体制をとりたい考え。（中略）日本専売公社では今まで、国内中心の販売体制をとってきたが、昨年、臨調からの指摘をうけるなどし、国際競争力に耐える経営を目指し、海外市場に積極的に乗り出したもの。（中略）日本専売公社の逆攻勢が期待される。国内タバコの海外輸出の本格化は葉タバコ耕作者にとっても朗報。全国たばこ耕作組合中央会の川津猛参事は、『どんどん輸出が進めば過剰問題も緩和の方向に向う。これからどれだけ販売されるか注目したい』と期待を寄せている」（傍点筆者）

読者の皆様のご感想はいかがだろう。

私は、この記事を一読して、これはもう公害企業の論理以外の何物でもないと心の底から怒りがこみ上げてきた。日本国内で売れ行きがにぶってきたタバコを、東南アジアや中近東に積極的に売り込みに行こうというこの計画に、なんとしてもブレーキをかけなければならないと決意したのである。

さっそく、日本消費者連盟の和田廣治氏（富山在住）から、昨年すでにこの公社の動きを知った段階で寄せられていた反対アピールの原案を若干手直しして、全国の市民団体や労働組合などに訴えた。

訴えの要旨は次のとおりである。

「専売公社のたばこ輸出計画をストップさせよう！」というタイトルで、禁煙・嫌煙運動や、健康への意識向上で、日本国内では喫煙者が減少しつつあること。このため公社は青少年や若い女性をねらった派手な広告宣伝をくり返していること。しかし、それでも売れ行き不振なので、今度は東南アジアを中心に販売強化を行うことなどをまず説明し、そしてこの行為は、〝死の商人〟そのものではないかと厳しく論及した。

これは日本の高度経済成長の中で顕著化した公害反対運動の中で、公害企業が東南アジアへ進出し、現地で日本以上の公害を引き起こしている「公害輸出」と本質的に同一のものであり、日本で禁止されたり、有害性が指摘された医薬品、農薬、合成洗剤、粉ミルク等を、まったく情報を知らせないまま売りつけている悪徳企業と同じ道を専売公社は歩こうとしていると論じたものである。

一方、IOCU（国際消費者機構）のアンワー・ファザール会長にも、さっそくこの情報を知らせた。マレーシア在住のファザール氏とは、一昨年お会いした際に、タバコ問題ではいろいろと意見を交換して、一国だけの問題ではなく、世界の国々が手をつないで、この有害物質に対する取り組みを強化していかなければならないと話し合っていたからである。また、昨年カナダで組織された「反喫煙国際ネットワーク」のメンバーにも、私たちのアピールを英文に直して発送した。

いずれにせよ、今回の専売公社の方針は、WHOの勧告に大きく反しているのである。WHOでは「喫煙がまだ十分に広がっていない国では、タバコの予防計画を行うことと、消費減少が予測されるので農業と経済の問題を検討すること」をはっきりと提言している。

〝四月一日〟発足のタバコ輸出会社計画はぜひ「エイプリル・フール」にしたいものだ。

資料③　国鉄、専売公社を厳しく追及——嫌煙権訴訟

（「広がる嫌煙権運動」、『旬刊民報』一九八四年三月五日号）

二月一三日朝、新しい東京地方裁判所（高裁、簡裁との合同庁舎）の東口前に、九時すぎから嫌煙権訴訟傍聴のための列がつくられた。原告和田廣治さんの初の証拠調べということで、司法記者クラブ加盟各社も非常に注目しており、特に今回は、なぜか民間テレビ各局がだいぶハッスルしてくれて、この行列にも盛んにカメラが廻る。

定員三二名の傍聴席に四十数名が並んだが、列の半分から後ろの方は背広にネクタイの国側（専売公社職員が多いようだ）傍聴希望者で、やはりテレビカメラやライトが当ると、パッと顔をそむけたり後ろを向いたりしてしまう。

抽せんの結果、原告支援者の人たちは皆傍聴券を入手、さっそく庁舎内へ。

ここで、司法クラブから、一たん外に出て、北口から庁舎内に伊佐山弁護団長と和田氏を先頭に入り直してほしいという注文なので、一階ロビーで支援メンバーにヒトコエ掛けたとたんに、地裁の職員が血相かえて、注意してきた。

「庁舎内では、われわれの指示に従ってもらわなくては困る」

「司法記者クラブから要請があったので、皆に伝えているだけだ」

「いや、たとえどんなことがあっても全面的に裁判所の指示に従え。ここで勝手なことをしてもらっては困る」

何も大声でわめいているわけでもなし、しかも二十数名の人たちにちょっと一言伝えようとしたことが、こんなことになるとは思わなかった。だいたいこの傍聴制限からして気にくわぬ。旧地裁時代は二五名の定員で、たった一人行列が増えても、その一人を外すために抽せんを行っていた。記者席は常にガラガラだし、一人ぐらい入れてもどうということはないのに、まったく杓子定規に腹の立つこともしばしばだった。また、裁判所の係官の数も多すぎる。朝の抽せんのために、なんと毎回一〇名も出てきて、ウロウロしているのだ。たった一人の人間を法廷に入れないために、大の大人が早朝から一〇人もいることこそ、行革の対象にしてほしいと思う。

さて、場面は再び北口前。テレビ各局のカメラが、ずらりと並ぶ中、注文通り行列を組んで庁舎内に入る。そしてエレベータで七回の法廷へ。定刻に開廷。さっそく、第二次訴訟の原告一〇名の中から、五人が意見を述べる。

トップバッターは、二次訴訟団長でデジタル粉じん計を携帯し、度々列車内の空気の汚れのデータをとっていた神戸の飯高正勝さん。

続いてお琴の先生で、指導のため何度か東北線で仙台まで往復し、その都度苦しめられた加藤たきさん、英語教師で、長く在日しているティム・ベーケンさん、千葉の房総が実家の久保田晶子さん、そして最後に、弁護士浅野晋さんが二人の子どもさんが旅行先でタバコの煙で苦しめられた作文を読み上げた。

それぞれ立場は違っても、いかに国鉄の非喫煙者対策が立ち遅れているか、それを放置している国の姿勢、そして有害商品を作り続けている専売公社の責任など、皆すばらしい意見を述べてくれた。特にベーケンさんは、日本人を妻とし、今後も長く日本に滞在するつもりであること、本国アメリカと比べて、日本の非喫煙者保護がほとんどなされていないことを訴え、説得力ある弁論を聞かせてくれた。

私は伊佐山弁護団長とも相談の結果、いろいろな場面で発言もし、書いてもきたので今回は和田氏尋問の時間との関係で、陳述を見合わせることとし、原告席で被告の態度をじっと観察することに決めた。

伊佐山弁護団長と和田原告の一問一答は、圧巻だった。間接喫煙の被害が和田氏の口から淡々と語られる。抑えた口調が、かえって法廷の雰囲気を引きしめたものにしていた。

第二次訴訟陳述と、和田氏の尋問で、裁判所のムードがガラリと変わったような気がしたのは、私一人ではなかったようだ。

第3章

全国に広がる嫌煙権運動

「嫌煙権」に力強い味方

二人の法律学者が、全面的にサポート

一九七八年から「タバコ問題」について数多くの新聞報道や週刊誌・雑誌の記事が目立ちました。中には、『週刊文春』や『週刊新潮』のように、嫌煙権運動を茶化したタバコ擁護論もありましたが、概して私たちの運動に好意的な報道が多く、喫煙者や専売公社、国鉄、厚生省にとって、気の重い年が続いたのではないでしょうか。

数多い記事や論文の中で、特に「嫌煙権運動」にとって大きな力となってくれたのが、神戸大学の阿部泰隆教授と東京大学の小林直樹教授の論文でした。

阿部教授には一九八〇年九月と一〇月の『ジュリスト』（有斐閣）の連載で、「喫煙権・嫌煙権・タバコの規制」と題し、タバコの歴史から有害性、非喫煙者の権利、内外の喫煙対策、今後の法的規制など四万字にものぼる執筆を頂きました。この膨大な論文の中から、

専売公社のＰＲパンフレットに、実に手厳しい追及をしてくださった部分を紹介したいと思います。

「（ＰＲパンフは）……喫煙が肺がんの原因であると科学的に結論づけることはできないと述べている。しかし、こうした科学的解明が必要だとの議論は、イタイイタイ病裁判などで被告側から持ち出されたが否定された議論である。タバコ有害論の根拠としては、統計的証明で十分であり、専売公社は『白を黒』と言いくるめる論法で、はかない抵抗をしている。『ムダな抵抗はやめよ』と言いたい」。

健康権と結びつく嫌煙権こそ重要

小林教授には『ジュリスト』の増刊特集『日本の大衆文化』の中でも、「喫煙の法理と文化――嫌煙権をめぐる根本問題」と題して、私たちの取り組みを全面的に評価して頂きました。小林教授は、「喫煙の自由は、わが国では余りにも寛大に認められ、喫煙者はＴＰＯを越えて自由勝手にタバコを吸う特権を享受してきた。反対に喫煙しない者の〝煙を吸わされない自由〟は法的にも社会的にも認められないという甚だ片手落ちの現象が続いている。これまで迷惑を受けっ放しの非喫煙者の積極的な主張が出され始めたのは、きわめて当然とい

社会新報　1980年11月25日（火曜日）

□私の発言□

定着しつつある嫌煙権

具体的な施策、教育を望む

渡辺　文学

1980年11月25日『社会新報』記事

わなければならない。健康権と結びついた嫌煙権こそは、より本格の基本権ともいうべきであろう」として、「嫌煙権訴訟」についても全面的に支持して頂きました。

「……加害者たる喫煙者の自由は十分に保障される反面で、被害者は苦痛と健康被害を『受忍』させられるという不公正な扱いが国鉄の実態である。これは奇妙な倒錯であり、不正義といわざるをえない。喫煙者は自らの健康と引き換えにあえて喫煙を選んでいるのだから、彼らの自由には、嫌煙者たちの幸福追求権や健康権を毀損する『権利』は含まれていないはずである。にも拘らず、一方的に加害行為を許すようにしているのは、国鉄が不公正な乗客の扱いをしているからである。こうした不当な現状を是正しない限り、国鉄は被害者側の賠償要求に応ずべき責任を負う、というのが法的公正の原理からする結論になろう」。

さらに筆を進めて、国鉄側の答弁書も徹底的に批判されています。

「嫌煙者の不快感や健康障害は『単なる一過的現象に過ぎず、喫煙が嗜好として許容されていることの当然の結果として何人も受忍すべき限度内の事象である』というのだから、これは驚き呆れるほかはない。こういう文章はとうてい二〇世紀の文化国家のものとは考えられない」という、胸のつかえが全部とれてしまうような糾弾ぶりでした。

朝日「天声人語」も嫌煙権訴訟を支持

一九八〇年一〇月二五日『朝日新聞』「天声人語」も、私たちの運動をバックアップしてくれました。

「先日、新幹線に乗った時は三〇分ほどで頭が痛くなった。『ひかり』にも禁煙車ができたというので車掌に尋ねた◆禁煙車は自由席の一号車だという。のぞいてみたがほぼ満員だった。全車両の一六分の一、たった一両の座席に押しこめられるようにして座っている女性たちの姿をみて、話はあべこべではないかと思った◆国鉄はむしろ全車両の二分の一か三分の一を喫煙車にすべきだ。指定券を買うときに喫煙者は喫煙車両を選べばいい。そのほうがまわりを気にせず、思う存分に吸い続けられるだろう◆国立がんセンターの平山雄博士の報告によれば、紙巻たばこは、アメリカだけで毎年八万人の肺がん死、二二万五千人の心臓血管病死などの原因になっているという◆しかも、たばこの害は吸う人だけの問題ではないのだ。それが隣人にも悪影響をおよぼすだろうことは、この欄でも再三、指摘してきた。乗客が自分の健康を守るために、禁煙車を求めるのは当然だ。公共輸送機関の禁煙化については、わが国は大幅に遅れているように思う◆東京―大阪間が三時間一〇分をはるかに上回ったとしても、それが騒音防止のための減速ならがまんもしよう。だがたばこの煙はがまんならぬ、という乗客がいることも知ってもらいたい。国鉄さん、たばこの害を軽視し続けるのも『公共の利益』とやらのためですかね」。

嫌煙権運動は、その後も数多くのメディアの報道によって市民権を得、あらゆる公的な場所、交通機関、職場などのタバコ規制に大きな影響を与え続けることとなりました。次に、その具体的な取り組みについて見ていきます。

「空気を汚すタバコの煙」への追及が活発化

「嫌煙権運動」が文字通り燎原の火のように全国に広がっていくにつれ、タバコの煙の有害性についての様々な取り組みや報告が行われるようになってきました。

その中で、特に目を引いたのが、『暮らしの手帖』のNo.79（一九八二年七・八月号）で、

「タバコの煙はこわい」と題して、一五頁にわたる特集記事が平山雄博士によって執筆されたものでした。国立公衆衛生院（現在は、国立保健医療科学院）の実験室で行われた、「受動喫煙の人体被害」の実験結果に丁寧な解説を加えたもので、今読んでもそのまま通用する記事です。

最初の報告は、「タバコの煙は部屋にまきちらす煙のほうがずっと有害」というもの。

まず、平山博士による疫学調査の結果、タバコを吸う人は吸わない人より、喉頭がん、肺がん、食道がん、肝臓がん、胃がん、大腸がんなど、すべてのがんでの死亡率が高くなっていることがグラフで示されています。そして、「あなたの吸っているタバコが、まわりの人の健康にもかかわりを持っているとしたら……」と続き、「タバコの煙の中には、ざっと七〇〇〇種類の成分が混じり合っています。ニコチン、タールをはじめ、シアン化水素、アクロレイン、ホルムアルデヒドなど、殆どが有害物質です。CO（一酸化炭素）もNOx（窒素酸化物）も含まれています。発がん物質として有名なベンツピレンやニトロソアミンも含まれています。タバコをのむということは、これだけいろいろなものを含んだ煙を、部屋の空気の中にふき出しているということです」。

さらに、「タバコの煙には、吸っている人が吸い込む煙（主流煙）と、手に持ったり、灰皿においたタバコから立ちのぼる煙（副流煙）があります。そして部屋の空気を汚すのは、立ちのぼる副流煙の方がずっと影響が大きいのです」として、受動喫煙の健康被害について総括的な追及を行っています。

部屋の空気がどんなふうに汚れていくか

続いて、部屋の空気の汚れについての実験結果の報告です。空気の汚れ方を見るにはいろいろな方法がありますが、ここでは「浮遊粉塵」「ＣＯ」「ＮＯｘ」の三つについて調査されています。

職場などの環境衛生の基準となっている「ビル管理法」では、浮遊粉塵は一立方メートルあたり〇・一五ミリグラム以下が望ましいとされています。ところが、公衆衛生院の実験室で測定した結果、喫煙者がいる場合、いずれの場合もこの「ビル管理法」に定めている〇・一五ミリグラムを大幅に上回り、四人のうち三人が吸った場合は、約四〇倍もの浮遊粉塵濃度になったとあります。

さらに、ＣＯもＮＯｘも時間の経過に伴ってどんどん増えます。ＣＯは肺に入ると血液の中のヘモグロビンに結びつき、そのぶん血液が酸素を運ぶのを妨げます。その結果、身体のあちこちで酸欠状態を起こして、時には中枢神経の働きを落とします。ＣＯは「ビル管理法」によって一立方メートルあたり一〇ＰＰＭ以下が望ましいとされていますが、タバコを吸い始めるとぐんぐん増えてゆき、一時間に九本吸った場合では、二五ＰＰＭまで汚染がひどくなります。また、ＮＯｘは濃度が高くなるとのどが痛くなり、喘息や慢性気管支炎の原因となり、これも同様に増加しました。ＮＯｘは光化学スモッグの原因とされる物質です。

以上のように、タバコの煙は〝環境基準〟など問題にならないくらい空気を汚してしまうことがはっきりと示されました。

身体のほうにどんな変化が起こったか

次に、空気の汚れた部屋において、タバコを吸わない女性がどんな影響を受けるかについて。実験室の外から観察していてはっきりとわかった変化として、「まばたき」の回数の増加がありました。副流煙にはアンモニアが多く含まれていてアルカリ性になっており、しかもその煙にはニコチン、ホルムアルデヒド、アクロレインなどが多量に含まれていて、目の粘膜を刺激、それを無意識に涙で洗い流そうとするからです。

さらに、皮膚の温度が下がって血の流れが悪くなり、心臓の負担が増えることもわかりました。よく喫煙者はシワが多いといわれていますが、タバコを吸うたびに皮膚の血流が減って、悪い影響を与えているのですから、美容を気にする方にとっては重大な問題といえるのではないでしょうか。

タバコを吸う人と暮らしていると

この報告では、喫煙者と暮らしている人が受ける被害についてもまとめられています。イギリスの例、アメリカの例、ギリシャの例などが紹介されていますが、やはり狭心症や呼吸器疾患になる人が増えているとのことです。

日本では、平山博士による疫学調査によって、夫がタバコを吸っている場合、非喫煙の妻は肺がんになる危険性が二倍以上に高まることが明らかにされています。この平山レポートが「受動喫煙問題」追及のターニング・ポイントとなることは後に紹介しますが、近年では二〇二二年の東京オリンピックまでの「受動喫煙防止条例」の制定が大きな話題となったことを鑑みても、平山博士の先見性にあらためて敬意を表します。

報告の最後には、「あなたがタバコを吸うことはあなただけの問題ではないのです」とあります。そして、専売公社に対しては「タバコの害ははっきりしています。国民の健康、将来を不幸にしてまで、手段をえらばず、売れるものなら何でも売ろうとするのが国のすることですか」と厳しく批判、「タバコをのまない社会こそ、当たり前の社会であって今のタバコのみの社会はアベコベの社会ではないかと、みんなで考えてみたいのです」と締めくくられています。

第3章資料解題

第3章の資料として、この平山博士による報告の次年にあたる一九八三年の『旬刊民報』での連載、「広がる嫌煙権」から記事を二本収録しました。

一九八〇年代に入ってすぐ、「荒れる学校」が社会問題になりました。文部省（当時）は、「児童生徒の非行の防止について」と題する通達を出し、校内暴力の増加や非行の低年齢化を是正するために「全教師が一体となって生徒指導に取り組む」よう要請していますが、教師が喫煙していたのでは示しがつきません。資料②では日常生活における「灰皿」の多さを指摘していますが、①②に共通して、喫煙のある風景が当たり前になっていた当時の日本社会に対して、視点の転換を呼びかける内容になっています。

資料① 最初の一本に火をつけさせないために

（「広がる嫌煙運動」、『旬刊民報』一九八三年一一月五日号）

「未成年者喫煙禁止法」という法律があるのは、どなたもご存知のことと思う。しかし多くの方が「中・高校生がタバコを吸うと罰せられる法律」と受けとっているのではないだろうか。実際はタバコを吸っているのを黙認した親や教師が罰せられる法律で、一応〝科料〟として四〇〇〇円未満のお金を支払いなさいという内容となっている。一方、販売者については、八〇〇〇円以下の〝罰金〟が課せられるというのがこの法律の柱だ。

しかし、現実はどうだろう。あえて申し上げるまでもなく、この法律がキチンと適用された――などという例はほとんどない。

未成年の喫煙が異常に多くなっていることには、いろいろな理由がある。今の教育制度の中で、いわゆる「落ちこぼれ」や「ツッパリ」生徒の数は増加の一途をたどっており、この生徒たちが、まず例外なくストレートにタバコと直結である。〝生徒指導〟の先生方の多くも、自分自身がスパスパやりながら、取り締まりや処分の方向だけで「けしからん。

ヤメロ！」と頭ごなしに怒るだけでは、ますます悪循環となるばかりだ。

家に帰れば親、兄弟が吸っている。通学途上では歩行喫煙や駅のホームのタバコ。テレビでは数多くのドラマや対談、国会中継でも煙だらけ。ＣＭでは人気俳優を起用して専売公社の若者にターゲットをしぼった目にあまる広告宣伝の強化。

要するに、日本国中、津々浦々までタバコが大手を振ってまかり通っている社会となっているのが、青少年、若い女性の喫煙率をぐんぐんと押し上げている。

若年喫煙を助長するもう一つの要素は自動販売機だ。昨年三月の参議院予算委で、専売公社はこんな答弁を行った。

「公社としては、販売店に対してみずから喫煙すると思われる未成年者には販売するなという指示を出している。また設置場所は、その自販機の管理者の目が行き届く所に設置するよう指導している」――まあたしかに〝タテマエ〟の答弁としては、こういう以外にないのだろうがあまりにも実態とかけ離れた答えに、今の公社の無責任さを見た思いがした。

三〇万台を超える自販機にいちいち〝管理者〟が目を光らせているというのはまず不可能であり、未成年者には売らない――ということもできるワケがない。そして『タバコは大人になってから』『未成年の喫煙は禁じられています』というステッカーが、また大きな問題だ。この二つのコピーは実はまったく逆の作用をしていると私は思う。

ツッパリ中・高生が、たかだか二〇〇円も出せば「大人」の気分が味わえて、しかも「禁じられて」いることをやりたい年代なのだから、これは間違いなく「タバコおすすめ」の巧妙な作戦とさえ思えてくる。このような背景の中で、今本当に必要なのは、法律や処分ではなくて、子どもたちの将来を本当に考えるためにも禁煙教育を行うことが大切だ。国立がんセンター研究所の平山雄博士は、「喫煙開始年齢が早ければ早いほど、肺がんその他の病気にかかりやすく、死亡率もぐんと高くなる」と警告を鳴らし続けておられる。二六万人を超える多数の疫学調査で、ハッキリと証明されているのだから、もっと実効性のある禁煙教育に、文部省も日教組も本腰を入れてほしい。

カナダで開かれた第五回喫煙と健康世界会議でも、「教育」が最重要テーマとなっており、欧米各国では、手を変え品を変えて、禁煙教育の充実をはかっているのだ。

『毎日新聞』の、つい最近の世論調査では、喫煙者の七二%もの人が「やめられればやめたい」と考えていることがわかった。つい何となく吸い始めて悪習慣が身につく前に、まず小学生時代から家庭と学校で禁煙教育を行うことが重要だ。「最初の一本に火をつけさせない」ことが、七二%の人を救うことにもなるわけだ。

資料② 灰皿が多すぎる——紳士は吸わない時代を

（「広がる嫌煙運動」、『旬刊民報』一九八三年一一月二五日号）

日本は、灰皿が多すぎる。駅のホーム、公園、空港待合室、病院待合室、銀行ロビー、しゃれた遊歩道、とにかく、すべての公共の場所に灰皿が目立つ。これは、見方を変えれば、「いつでも、どこでもお吸いなさい」ということではないだろうか。

会議室もそうだ。

講演会や音楽会の大ホールはさて置いて、普通の打ち合わせや、討論会、そして結婚式でも、各種のパーティーでも、まず灰皿の出ない会合はほとんどないのが現状だろう。ホールの禁煙だって、何も「タバコ公害」とか、「煙の有害性」を問題にしているのではなく、もっぱら「防災」の観点からの処置なのである。

貸会議室やホテルの担当者なり、経営者の考え方の根底には、灰皿をまんべんなく配置するのは〝サービスの一環〟として捉えている側面があるのだろう。従業員も、「会議」＝「灰皿」＝「サービス」として、無意識でテーブルをセットしているとしか思えない。

三年ほど前、市ヶ谷駅近くの私学会館で、私たちの集会を開いた。会議室の入口は、小さくてもよく目立つ看板が用意され、それにはちゃんと「嫌煙権確立をめざす人びとの会報告会」と書かれていた。会議の始まる三〇分前にその会場に入って、準備をしようとした私は、四〇歳位の女性従業員の手もとを見て、びっくりしてしまった。なんと、灰皿を配りつつあるのだ。

「えーと、すみません。今日の会議は何の会議か聞いていませんか」と私。

「あら、嫌煙権とかいう……」

「ええ、私たち、タバコ公害をどう解決するかと、いろいろ取り組んでいる団体で、一人もタバコを吸う人はいないんですが……」

「では片づけます」

入口の「嫌煙権」の文字をもちろんこの女性は読んで知っているはずである。それにして、なお灰皿を用意しようとしていたのだから、まったくあきれてしまった。

一〇月中の毎日新聞の投書に何回か携帯灰皿の投書があった。要点は、マナーの良い喫煙者は、常に灰皿を持参して、ポイ捨てするなという趣旨の投書である。

もちろん、ポイポイ、あたりかまわず捨てるよりは、携帯であれ何であれ、吸いがらをきちんと始末するのは、しないよりましだ。しかし、私たちの運動の原点から考えると、この吸いがら始末論は、物事の結末だけを論じているに過ぎないし、タバコ野放し社会を、ある意味では助長する要素を持っていると言わざるを得ない。

世界の流れは、受動喫煙の被害をどうするか、非喫煙者の権利（タバコの煙に晒されない）をどう守ってゆくかに議論が集中し、後始末をどうするかというのは、後ろ向きの考え方なのである。

「紳士は携帯吸いがら入れを持参」という時代ではない。「紳士はタバコを吸わない」というのが欧米の常識なのである。

それにしても、毎日毎日感じていることだが、駅のホームの灰皿、本当に多過ぎる。駅によっては、柱という柱全部に灰皿が備えつけてある。しかも、朝のラッシュ時、本来は〝禁煙タイム〟を実施している駅でも、灰皿の半数以上は、モクモクと煙が出ている。近くに水道があるときは、私はワザと目立つ動作でその灰皿に水を入れて顔をしかめながら煙を消しているのだが……。

結論としていいたいのは、たとえば駅のホームでは、とりあえず前後と真ん中あたりに三か所位「煙所」を設けて、それ以外は禁煙。会議室の灰皿サービスも、主催者の意向を聞いてから。銀行ロビーや空港、公園等でも、思い切って灰皿を減らす方向へ。

そして、当然「携帯灰皿」というような姑息な手段はやめて、国全体を扱いにくい状況に持っていくことこそ求められているのではないだろうか。

第4章

世界とつながる「タバコ問題」

国際会議への出席

カナダの「世界禁煙会議」に初参加

一九八三年七月、カナダ・ウィニペグで「第五回喫煙と健康世界会議」が開催されました。この会議に、日本から平山雄、川野正七、林高春、伊佐山芳郎、牧野賢治、五十嵐信一、宮崎恭一、小川浩などの各氏が参加、私も初めて「禁煙世界会議」に出席しました。ウィニペグでの最大の話題は、平山博士の一六年間にわたる調査の報告でした。「喫煙者の夫を持つ非喫煙者の妻は、非喫煙者の夫をもつ妻に比べて肺がんに罹る率が二倍以上になる」という疫学研究で、平山先生が発表した分科会会場は、超満員の盛況ぶりでした。

平山先生はスライドを使いながら流暢な英語で解説しましたが、欧米の参加者から「ドクター・ヒラヤマの英語は速すぎる。もっとゆっくり話してほしい」と言われたエピソードも、懐かしい思い出の一つとなっています。

(5) 1983年8月5日（金曜日） 社会新報

広がる世界の嫌煙権運動

第5回"禁煙オリンピック"に参加して（上）

渡辺 文学

「間接喫煙」が問題化

四年後日本大会どうする？

読売新聞 昭和60年（1985年）8月23日（金曜日）

論点

「分煙」社会の実現めざせ

米のたばこ事情見聞して

渡辺 文学

国際会議への出席を伝える、1983年8月5日『社会新報』記事、1985年8月23日『読売新聞』記事

以下は、平山雄博士がタバコ問題情報センター（後にご紹介する、嫌煙権運動家たちで設立した、タバコ問題に関する情報収集や提供を行う機関）の発行物に寄稿してくださった論文の要旨です。今から約四〇年前に書かれたもので、平山博士の先見性に敬意を表したいと思います。

「タバコか健康か」の問題について、一九八六年五月の第三九回WHO総会で次のような決議が行われた。「タバコの使用が、世界的流行をきたしていることに深く憂慮している。これらは毎年一〇〇万人の命を奪い、病人や被害者の数は、それより遥かに多い。このタバコの世界的流行と戦うため、地球的規模での対策を要望する。タバコ消費を促進するすべての販売促進行動を排除する。この商品には中毒性があり、危険性があるからである」。このような決議がWHO事務局で作成され、総会で承認された。その裏で、二つの問題があったと、国際消費者機構（IOCU）のWHO総会レポートの中でA・シッパンボード女史は述べている。

◇喫煙対策予算の裏づけが重要

一つは、このような決議を実行に移す財政的基盤が確保されているかどうかということである。WHOはこの決議を実行に移す際に、リーダーシップをとらなければならないはずなのに、それに対する経済的裏づけが必要である。

第二点は、健康か経済かという選択で、タバコの耕作や製造の規制の問題を巡っての決断である。多くの国々で、タバコは金になる農作物で、多くの人々に職を与え、収入源となり、外貨を獲得している。その縮小を目指しどのように国際的なタバコ対策を展開するかという問題である。女史によれば、タバコ産業は「リオデジャネイロ宣言」という文書を各国代表に配布し、この決議関連の討議に影響を与えようと努力したという。

この宣言には「反喫煙運動には矛盾性があり、根拠も弱く、タバコ産業側は客観的に対処している。WHO決議の根拠となった諸研究も、矛盾しているデータもある。このような決議を採用するにはさらに多くの討議が必要である。一方、経済的にみて、タバコ産業の振興は多くの途上国の一部では極めて重要である」といった内容が折り込まれている。

この文書の配布は影響力があり、決議に賛成していた国でも態度を変更し「決議は支持するが、それを実行に移す準備ができていない」という国も現れてきた。日本は「決議の精神は支持するが、それぞれの国の特異事情を考慮に入れるように、そして、行政活動を規制するような決定は避けてほしい」と要望したという。

幸い殆どの国々が、喫煙対策に積極的な姿勢をみせたので、決議は採択された。

◇米クープ博士の演説に感銘

この総会でのハイライトは米公衆衛生総監E・クープ博士の演説で「WHOは、その信頼と権威をかけて積極的な喫煙対策行動を行わない限り『西暦二〇〇〇年までに総ての人に健康を』というWHOの目標は偽善者のかけごえに終るだろう」と述べたことだった。

このWHO総会の前に、国際対癌連合、国際心臓病協会、国際結核予防会、アメリカ癌協会などの代表がWHO事務総長のH・マーラー博士に会い、積極的行動を要請している。中でも、参加各国がとるべき対策を示すため、WHOは委員会を設置し、タバコ産業の販売促進に対処し、さらに、タバコ耕作や、途上国への輸出を制約する施策を示すべきであるとした。今、明らかに、このタバコの及ぼす健康被害問題についての認識と、その対処の方針に関し、日本といくつかの途上国が国際世論から大きく外れている。

◇「二次予防」路線の日本

注目すべき潮流は「予防」の概念が拡がっていることだ。そもそも日本では「二次予防＝早期発見」が強調され続け、やっと近頃になって「一次予防」と叫ばれ始めているが、国際的には一次予防以前に、そもそも原因になるものが世の中に存在しないように抜本的対策を考える「根源的予防」が提唱され始め、その考えが普及し始めている。いわば「ゼロ次予防」であり、英語ではPrimordial Preventionという。Primordialとは「原始の」「原始時代からある」「根本的な」という訳である。「根源的予防」と訳することができよう。そもそもタバコという物がこの世になければ、禁煙運動とか青少年に吸い始めさせない努力は必要でなくなる。

そのような見解を持つＷＨＯや、多くの国々の関係者から、日本は本当にこの問題を解決する意志があるのかどうかと疑念を持たれることは、きわめて残念なことである。日本では「根源的予防」という考え方は、北欧の一部の国だけのものと考えている向きがあるが、実はＷＨＯのたしかな方針であり、国際世論とまでなっているようだ。

◇テレビＣＭと自販機なくせ

危惧されるのは、この問題についての日本国内での「良識」が、国際社会では「良識」と受け取ってもらえないのではないかということである。つまり、言葉では喫煙対策の必要性を唱えていても、積極的に対策を実践する意志があるかどうかを信じてもらえず、日本が喫煙と健康問題で、国際世論の孤児になりつつあるのではないかという心配である。

殆どの先進国で禁止しているテレビCM、津々浦々の自動販売機などのタバコの販売促進を阻止しようとしない現状も、日本の評価を落としている。それらが重なりあって、国際社会の中での日本のイメージをどのように歪める結果になっているのか。そして、それが国民の真に求望するところなのか、関係者と為政者の熟慮を促したいのである。

平山雄（ひらやま・たけし）＝一九九五年没

世界に立ち遅れる日本

さて、一九八三年のカナダ会議に話を戻します。このカナダ会議が、「受動喫煙被害」問題についての大きなターニング・ポイントとなったことは間違いありません。特に印象的だったのは、カナダ政府がモニーク・ベジャン厚生福祉大臣を先頭に、医学団体、教育機関、市民団体が、一致協力してタバコの被害をなくそうと、全力を挙げて取り組んでいることでした。大会の冒頭、ベジャン大臣は以下のような開会演説を行って、盛大な拍手

を受けていました。（以下発言要旨）

「カナダ政府の喫煙者を減少させるための対策の一つは、タバコ産業との間における生産、販売に関する合意事項であり、もう一つは健康・医療機関との禁煙プログラムにおける協力体制である。タバコ生産者協議会は政府と討議の結果、自主的にラジオ・テレビの宣伝中止、宣伝費の制限、有害表示に踏み切った。私は、同協議会に以下の要請を行った。①有害表示と共に、タール、ニコチンの収量をすべての印刷物に印刷する。②小・中学校の五百メートル以内にはタバコ宣伝物を展示しない」。

「カナダがん協会、肺協会（日本の結核予防会にあたる）、心臓財団の三団体は『喫煙と健康協議会』を組織し、『全国禁煙教育週間』を提唱して、国民の関心を喚起してきた」。

「他の関係団体と提携して『非喫煙者の世代づくり』を進めている。乳児から成人までタバコを吸わない世代を目指して、一五年間の長期にわたるプログラムである」。

「喫煙は重大な健康、社会問題であり、政府と他の保健機関との共同の取り組みを必要とする。第一はタバコの消費を減少させる効果的な行動、第二は受動喫煙を減らし、非喫煙者の健康を守ること。第三は、少年期、青年期の喫煙開始を防止するという最重要課題である。私は、これらの目標達成に、責任を負うことを公約する。世界における喫煙の流行に歯止めをかけ、我々の子どもたちが健康的な、煙のない環境で成長することができるよう共に取り組んでいこうではないか」。

同大会では、アメリカのＥＰＡ（環境保護局）から参加したＪ・Ｓ・レペス博士も、受動喫煙の有害性報告で注目を集めました。また、ミネソタの電話会社に勤めていたドナ・シンプさんも、受動喫煙の深刻な健康被害を切々と訴えていました。

米、英、北欧三か国も、政府が先頭に立って懸命の努力を行っているのに対し、日本政府からの派遣は一人もなく、また当時、日本の医学団体も、「タバコ問題」にはほとんど無関心で、国が製造・流通・販売すべてをコントロールしているお粗末な現状を、いやというほど思い知らされた四日間になりました。

サンフランシスコ市で「分煙条例」実施――「分煙」から「無煙」へ

私たちが日本を出発する直前に、「サンフランシスコ市で禁煙条例（嫌煙条例）が議会を通過」というニュースが流れました。

カナダ会議に出席した伊佐山芳郎弁護士、宮崎恭一氏と相談して、カナダ会議の帰路にサンフランシスコを訪ねて条例の原文を入手したいと考え、市議会のウェンディ・ネルダー氏とアポイントが取ることができました。

ネルダー氏は弁護士の出身で、同市議会の議長でした。議員の部屋に案内されて驚いたのは、畳二帖くらいの小さな部屋での執務でした。当時の市長はダイアン・ファインスタイン氏で、その後、米民主党の大統領候補に名前が挙がるほどの名物市長でした。さっそくその「禁煙条例」の原文を頂きましたが、条例にサインした際の長いボールペンを手に、「これで条例にサインしたのですよ」と、ネルダー氏は嬉しそうな笑顔で説明してくれました。

帰国後、原文を翻訳すると、条例の骨子は「雇用者・経営者は、喫煙する従業員と吸わない従業員の席や部屋を分けなさい」というものでした。マスコミは「禁煙条例」「嫌煙条例」と紹介しましたが、私は「分けなさい」という言葉が強く印象に残り、翌一九八四年、この条例の施行を確認して、当時発行していた公害問題の専門誌『環境破壊』三月号に、「サンフランシスコ市『分煙条例』実施」として紹介しました。

これが、「分煙」のルーツでした。現在、ＪＴが「分煙路線」で盛んにキャンペーンを行っていますが、「分煙」が重要課題だったのは一九九〇年代までで、ＷＨＯは「たばこ規制枠組条約」のガイドラインで、「一〇〇％タバコの煙のない社会環境」を決議しており、日本政府、地方自治体、そして民間企業は、それに従って「分煙対策」ではなく「無煙社会」をめざしていくべきです。

第4章資料解題

本章で振り返ったように、日本における嫌煙権運動は世界の国々の事例に学び、またその潮流を感じながら広まっていきました。

なお、受動喫煙によって健康被害が生じることは、平山博士が世界で初めて発見したものです（一九八一年発表の論文）。平山博士の論文は学術的にも社会的にも激しいバッシングに遭いましたが、その後の科学的な検証によって、二〇〇〇年になる頃にはまったくもって正しかったことが証明されました。

第4章の資料として、「あゆみ」でも触れたサンフランシスコ市での「嫌煙条例」を紹介した一九八三年の寄稿文、一九八七年に東京で開催された喫煙と健康世界会議についての報告を収録しました。そして資料③では、WHOが一九八八年から提唱している「世界禁煙デー」について、一九八八年から当時までのWHOによるスローガンを掲載しておりますので、ここでは二〇〇六年から現在までのものをご紹介いたします。

WHOによるスローガンと日本語訳一覧（2006～2023年）

2006年 *Tobacco : Deadly in any form or disguise*
「たばこ：どんな形や装いでも命取り」

2007年 *Smoke-free environments*
「たばこ、煙のない環境」

2008年 *Tobacco-Free Youth*
「たばこの害から若者を守ろう」

2009年 *Tobacco Health Warnings*
「警告！たばこの健康被害」

2010年 *Gender and tobacco with an emphasis on marketing to women*
「ジェンダーとたばこ～女性向けのマーケティングに重点をおいて～」

2011年 *The WHO Framework Convention on Tobacco Control*
「たばこの規制に関する世界保健機関枠組条約」

2012年 *Tobacco industry interference*
「たばこ産業の干渉」

2013年 *Ban tobacco advertising, promotion and sponsorship*
「たばこの広告、販売促進、スポンサーシップを禁止しよう」

2014年 *Raise taxes on tobacco*
「たばこ税の引き上げを！」

2015年 *Stop illicit trade of tobacco products*
「たばこ製品の不正な取引をなくそう」

2016年 *Get ready for plain packaging*
「プレーン・パッケージの準備をしよう」

2017年 *Tobacco-a threat to development*
「タバコは成長への脅威だ」

2018年 *Tobacco and heart disease*
「タバコと心臓病」

2019年 *Tobacco and lung health*
「タバコと肺の健康」

2020年 *Protection youth from industry manipulation and preventing them from tobacco and nicotin use*
「若者を業界のごまかしから守ろう、そしてタバコとニコチンを使わせないようにしよう」

2021年 *Commit to quit*
「やめることを誓約する」

2022年 *Threat to our environment*
「タバコ：環境への脅威」

2023年 *Grow Food Not Tobacco*
「タバコより食料を」

資料① 煙に悩まされない職場環境は当然の権利

（「広がる嫌煙運動」、『旬刊民報』一九八三年一二月五日号）

米、サンフランシスコ市で、職場における「嫌煙条例」が、住民投票の結果認められた。もともとアメリカでは、一九六〇年代に厚生教育省が全力を挙げて喫煙問題に取り組みを開始し、具体的数字で言えば、六四年から七五年までの一一年間に、なんと二九〇〇万人がタバコをやめた。国の方針に従って、各州でもいろいろと公共の場所での喫煙規則や、教育・医療機関での禁煙教育を徹底させ、今ではむしろ麻薬などより危険な商品として扱われているという。

こういう背景があるにせよ、今度の条例の持つ意義は非常に大きい。それは、もはや喫煙という行為が、単なる個人の趣味嗜好であるとか、一服の効用であるとかいう議論を完全に否定し、非喫煙者の当然の権利として、タバコの煙に悩まされずに働くことができる職場環境を世論も支持したことである。

第五回喫煙と世界健康会議に参加したアメリカのノンスモーク運動団体も、この条例のなりゆきに最大の関心を持っていた。それは、特別に設けた非公開の会議で、今後の〝嫌煙権運動〟をどう進めていくのかの討議の際にもあらわれて、各グループが次から次とこの問題についての支援体制をどうするかという発言をしていたことでもうかがえる。

カナダ会議が終わった後、筆者は伊佐山芳郎弁護士らと共にサンフランシスコ市をたずね、嫌煙条例の立案者ウェンディ・ネルダーさんと会った。ネルダーさんは四二歳で二児の母親、弁護士でもある、スーパーレディである。

ネルダーさんは「市民の生命・健康を守る上でタバコ問題は重要な問題であると考え、いろいろな資料や情報を集めて勉強したのです」と切り出した。「その結果、非喫煙者を職場の空気汚染から救うことは最も重要なことであるという結論に達し、自分で法案の条文づくりにとりかかったのです」。身ぶり手ぶりのジェスチャー入りで語るネルダーさんの熱意は相当なものだった。市議会議員も、他の十名に働きかけた結果、一〇対一で賛成し議会を通過、ファインスタイン市長も六月三日に署名して、さあいよいよ条例の施行というときに、タバコ会社の巻き返しで「待った」がかかってしまったという。

一一月八日に行われた市長選では、ファインスタイン市長が早々と当選を決めたあと、嫌煙条例の住民投票は、不在者投票の開票を待つという極めて僅かな票数ではあったが、最終的には条例の施行賛成が八万七百四十票（五〇・四％）、反対が七万九四八一票（四九・六％）という結果だった。

伊佐山氏も私も果たしてこの条例がどうなるか、ハラハラしていただけに、マスコミ各紙の報道に一安堵。さっそくファインスタイン市長とネルダーさんに祝電を送った。

さて、日本の職場である。公共の場所が野放し同然であるのと同様に職場における喫煙や、会議中の喫煙は、むしろそれを咎める人の方が〝変わり者〟という目で見られていた。しかし、私たちの運動の積み重ねや、幅広いマスコミ報道などで、徐々にではあるが、職場のタバコが問題視されてきた。この際、厚生省や労働省は、もっともっと健康を守る原点に立って、国民の健康教育、安全確保のためにも本腰を入れて喫煙問題に取り組みを開始するべきである。

同時に、労働組合も、賃上げや合理化反対のテーマだけでなく、組合員とその家族の安全と健康を守るために、職場でのタバコに目をつぶっている時代ではないと思う。その意味では、全専売労働組合が官公労の中にあって、「スモコロジー運動」などを提唱してタバコを奨励しているのは非常に気にかかる。「職場」の喫煙を〝一服の権利〟と考えるような時代はもはや過去のものではないだろうか。

資料② 「第六回喫煙と健康世界会議」東京で開催

(「健康とわたし(11)」、『月刊わたしの世田谷』二〇一五年一一月一日発行)

医学四団体が「世界会議」の開催に踏み切る

第六回喫煙と健康世界会議が、一九八七年一一月九日から一二日の四日間、東京大手町の経団連会館で開催されました。当初は、カナダで行われた第五回世界会議の最終日、川野正七先生(北九州市八幡病院院長=当時)が、出発前に同市の市長に内諾を得て、「北九州市開催」を立候補、平山雄先生などの後押しもあって、「第六回世界会議は北九州市」とアナウンスされたのです。ところが川野先生の帰国後、同市のタバコ業界やタバコ族議員の反対もあって、これが見送りとなる雰囲気となってしまいました。

しかし、いったん日本での開催と決まった以上、この会議をもし返上したならば、国際的な批判・非難を浴びるのは必至で、結核予防会、日本心臓財団、日本対がん協会、健康・体力づくり事業財団の民間四団体が中心となり、厚生省、WHOと連絡をとりながら、共催という形で開催されました。事務総長には、愛知県がんセンター副所長の富永祐民氏が就任しました。富永博士は、タバコ問題情報センターが発行した『TOPIC』の第五号にこの会議の日本開催について、以下のような寄稿を寄せていただきました（要旨）。

「第六回喫煙と健康世界会議を日本で開催する意義として、世界各地の喫煙と健康問題の関係者が一堂に会して意見を交換することのほかに、世界会議の開催をはずみ車としてわが国の喫煙対策を推進することにあるといえよう。筆者が本世界会議の事務総長を引き受ける気になったのも、喫煙対策に本腰を入れ始めた厚生省と共に、微力ながら日本の喫煙対策を推進したいと思ったからである（中略）。学術プログラムは、①世界の喫煙とその対策の実情、②女性の喫煙と健康、③未成年者の喫煙、④受動喫煙、⑤非喫煙者の権利、⑥禁煙の方法、⑦法規制による喫煙対策、⑥喫煙に対するマス・メディア対策、⑨開発途上国での喫煙対策、⑩喫煙の経済学、となっている。この世界会議に、一人でも多くの医師、保健医療関係者、教師、弁護士、市民運動家など、タバコ公害の解決をめざす方々の参加を期待したい」。

厚生省が初の「たばこ白書」（喫煙と健康問題に関する報告書）発行

「世界会議」を目前にしたこの年の一〇月二五日、厚生省が国として初めてタバコの有害性を認めた「白書」を発行しました。『喫煙と健康』と題した、A5判・三七〇頁にのぼる本格的な報告書でした。当時の厚生大臣は斉藤十朗氏で、序文には以下の記述がありました。

近年、喫煙は健康にさまざまな悪影響を及ぼすものであるということが明らかになってきており、喫煙問題にいかに取り組んでいくかということが、国民の健康を確保する上で重要な課題となってきた。WHOにおいても、各国が喫煙問題に積極的に取り組んでいくべきであるとの勧告を一九七〇年以降たびたび行っているところです。また、本年一一月には、東京において、喫煙と健康世界会議が開催され、喫煙と健康問題についての世界各国の有識者の交流が図られることとなっており、これらを契機に国民の関心はますます高まっていくことと予想されます。本報告書は、このような状況を踏まえ、今後の喫煙対策の一層の推進に資するため、公衆衛生審議会の喫煙と健康問題に関する専門委員会の先生方に、最新の科学的知見、内外の喫煙対策の現状等を取りまとめていただいたものであります。喫煙は個々人の嗜好、習慣にかかわる問題でありますから、その対策としては、健康教育などを地道に推進し、個々人の自覚に訴えていくことが基本であります。その意味で、本報告書が健康教育に携わっておられる方々あるいは喫煙と健康問題に関心のある方々のご参考となれば幸いです。

厚生省のスタンスは、この斉藤大臣の序文でよくわかりますが、喫煙を「個人の嗜好」として捉えており、ニコチンの依存性を無視しているのが特徴といえました。また、WHOが政府の「積極的関与」を謳っているのに対し、「個々人の自覚に訴えていくこと」を「基本」とするのは、まったく情けない態度と指摘せざるを得ません。一九八五年に「民間企業」になる前、大蔵大臣名義で一〇〇％の株を政府が保有していた時代でした。

思わず涙したシンプさんのスピーチ

一一月九日、東京経団連会館には、世界各国から約七〇〇名が集い、四日間にわたってタバコの害・受動喫煙の害から、人々をどう守っていくかについて真剣な議論が展開されました。初日のスピーチで最も印象的だったのは、米ミネソタ州から参加したドナ・シンプさんの演説でした。電話会社に勤めていたシンプさんは、職場の上司・同僚のタバコ公害に悩まされ、勇気をもって裁判所に訴えました。州の裁判所は彼女の訴えを認め、シンプさんは受動喫煙被害の裁判で初めて勝訴した方となりました。第五回カナダ会議の際には、「受動喫煙分科会」のスタッフとして、平山先生はもちろん、伊佐山弁護士や小生とも熱心に意見交換を行い、そのご縁で今回の東京会議にも参加されました。シンプさんは自身の体験談を語ったあと、最後に「Never Never Give Up!」と力を込めてスピーチを締めくくりました。これまでいろいろな場面で、多くの方々のタバコ問題にかける情熱的なスピーチを聞いてきましたか、この東京会議におけるシンプさんのスピーチには、思わず私も胸がこみ上げ、涙が溢れてきて困りました。

この会議の最終日には、「すべての国は電波媒体のタバコCMを直ちに廃止すること」という特別決議が採択されました。まさに日本名指しの決議でしたが、この後一〇年間、日本の民放テレビ局の画面からタバコのCMは消えることがありませんでした。

資料③　一八回目を迎えた「世界禁煙デー」

（「禁煙通信　第17回」、『がんを治す完全ガイド』二〇〇五年七月号）

ＷＨＯが一九八八年から提唱している「世界禁煙デー」（World No Tobacco Day）が今年、第一八回目を迎えました。

最初の一九八八年は、四月七日の「世界保健デー」を「禁煙デー」と決めてスタートしましたが、この年の総会で「四月七日は、エイズとか結核とか他の医療・健康問題がたくさん存在し、タバコは別の日に決めたい」として、翌一九八九年からは五月三一日と定められました。

そして、毎年テーマを決めて、各国でさまざまな取り組みが展開されています。

アジアの国々、たとえばタイや台湾や韓国などは、政府と医学団体、市民団体が手を組んで、かなりの予算を投入、人気タレントや文化人が協力し、禁煙デモや音楽会、講演会、禁煙成功者への表彰など、さまざまなイベントが繰り広げられています。

このテーマを、無視または軽視しているのが日本であり、例年五月三一日の「禁煙デー」に御座なりな集会を開いてお茶を濁しています。

これまで、何回か指摘させていただいていますが、財務省がタバコの監督官庁であり、JTの株を国が五割も保有していること、〝タバコ産業の健全な発展〟を謳う「たばこ事業法」が存在する限り、国を挙げて「禁煙デー」を盛り上げるイベントは不可能だと思います。

たとえば、二〇〇〇年のスローガンをよく見てください。

原文では「Tobacco Kills -Don't be duped」（タバコは人殺しだ。騙されるな）となっていますが、厚労省の訳は何と「その一本　みんなの命けずられる」と、原文とはおよそかけ離れた〝穏やかな表現〟となっているのです。これは、明らかに財務省やJTに気兼ねした「意訳」でした。

一九八八年から今年までのWHOのスローガン（テーマ）を紹介します。

WHO によるスローガンと日本語訳一覧

1988 年 *Tobacco or Health: Choose Health*
「喫煙か健康か――健康を選ぼう」

1989 年 *The Female Smoker: At Added Risk*
「女性の喫煙は危険が大きい」

1990 年 *Growing Up Without Tobacco*
「大人になるのにタバコはいらない」

1991 年 *Public places and Transport: Better Be Tobacco-Free*
「公共の場所や交通機関は禁煙に」

1992 年 *Tobacco-Free Workplaces: Safer and Healthier*
「タバコの煙のない職場、もっと健康にもっと安全に」

1993 年 *Health Services, Our Window to a Tobacco-Free World*
「保健医療機関は、タバコのない世界への窓だ」

1994 年 *The Media and Tobacco: Getting The Health Message Across*
「メディアは、タバコの害・悪影響を広めてほしい」

1995 年 *The Economics of Tobacco Control*
「想像以上に大きいタバコの損失」

1996 年 *Sports and The Arts Without Tobacco*
「スポーツや芸術をタバコのない環境で」

1997 年 *United for a Tobacco-Free World*
「手をつなごう！ タバコのない世界をめざして」

1998 年 *Growing Up Without Tobacco*
「無煙世代を育てよう」

1999 年 *Leave The Pack Behind*
「タバコにサヨナラ」

2000 年 *Tobacco Kills -Don't Be Duped*
「その１本 みんなの命 けずられる」
「騙されるな！ タバコは人殺しだ」（W）

2001 年 *Second-Hand Smoke : Let's Clear The Air*
「受動喫煙をなくし、きれいな空気環境を」

2002 年 *Tobacco Free Sports-play It Clean*
「タバコとスポーツは無縁（無煙）です。きれいにやろう！」

2003 年 *Tobacco Free Fashion, Tobacco Free Films-Action!*
「映画とファッションからタバコ追放の行動を！」（W）

2004 年 *Tobacco and poverty: a visions circle*
「タバコと貧困、この悪循環」

2005 年 *Health Professionals Against Tobacco*
「保健・医療専門家はタバコ規制に全力を」（W）

※W＝渡辺訳／それ以外は厚生省（のち厚生労働省）訳

第5章

国と国鉄は対策を怠っていた

「嫌煙権訴訟」実質勝利で幕

「タバコの煙で汚染されていないきれいな空気を吸う権利」を求めて、国鉄、国、専売公社を相手どって提訴していた「嫌煙権訴訟」の判決が、一九八七年三月二七日、東京地裁・橘勝治裁判長から言い渡されました。

この裁判で原告側は、憲法が定めた「幸福追求権」（一三条）と生存権（二五条）に基づく人格権の一部と位置づけ、「国鉄や国は、非喫煙者がタバコの煙の被害を受けないよう積極的な対策を講ずべきなのに怠っていた」と主張していました。

裁判長は、タバコの煙の健康被害について「健康を害し病気にかかる危険が増加するとすれば、人格権に対する侵害にほかならない」として、差し止めや予防措置を請求することができるとしました。しかし、原告側が国鉄全車両の二分の一以上を禁煙車とするよう求めた請求については「健康に関する侵害を求めるには、現実の危険があることが必要」と指摘。国鉄が一九七六年以降、主要列車に禁煙車を設けるなどの方策を講じてきたことから「列車内でタバコの煙にさらされる危険が低く、健康被害も受忍限度を超えるものではない」として、原告の訴えを退けました。国鉄に対する慰謝料請求についても、やはり「受忍限度内」として支払い義務を否定し、国、日本タバコ産業に対する請求も退けられました。

この判決をいかに受け止めるべきか、以下に、伊佐山芳郎弁護団長と穂積忠夫弁護士が寄稿された判決批判の論文の要旨を紹介させて頂きます。

「歴史の審判に耐え得ない判決」（伊佐山芳郎弁護士）

判決理由を見てみると、①ほぼすべての列車に禁煙車ができており、適切な選択をすれば、タバコの煙による被害を回避することは困難ではない、②受動喫煙の結果、眼、鼻、喉の痛みなどの被害や不快感があることは認められるが、列車内の受動喫煙は「一過性」であり、受忍限度内である、③日本の社会は喫煙に寛容なのでこのような風潮も判断の基準にすべきである、というようにまとめられる。

しかし、「選択による煙害の回避」というのは基本的に誤りである。市民がどのような行動をするかは基本的に自由である。非喫煙者が煙害を受けずに快適に旅行等をすることが保障されるためには、少なくとも半数の禁煙車両を用意すべきであって、それによって初めて市民は、喫煙車両か禁煙車両かを自由に選択することが可能になるのであり、これこそ真の意味の「選択」でなくてはならない。

また、列車内の煙害を「一過性」とし、それを前提にして「受忍限度論」に結びつけているが、その前提の受動喫煙に関する認識が間違っている。動物実験や疫学調査報告、人間の急性被害の実験などの結果、受動喫煙の被害が非喫煙者の健康や生命に重大な影響を与えることが医学専門家から警告されている。

第二に「受忍限度論」の理論的前提が間違っている。この理論は、たとえば新幹線や空港などの付近住民が、騒音や振動の被害を受けた場合でも、他方輸送力の増大など公共の利益に鑑み、被害住民に受忍してもらわざるを得ないといった状況で使われてきた。しかし、列車内の喫煙の場合、非喫煙者は受動喫煙の被害を一方的に受けるだけであり、社会的価値はまったく考えられない。判決は従来の公害訴訟などで使われてきたのとはまったく異なる使い方で、「受忍限度論」を登場させており、間違っている。

「タバコに寛容な日本の社会風潮」を容認していることも問題である。WHOの再三の勧告にもかかわらず、厚生省はタバコの害と闘う姿勢をまったくとらず、タバコ公害を放置してきたことが、今日の「寛容な風潮」の一大要因である。判決は、そのような本質的なことに目をつぶり、受動喫煙の被害を受忍限度とする根拠にしているのである。裁判官はその良心を売り渡し、権力におもねていると私たちは受け止めている。

タバコの煙には七〇種類以上の発がん物質や約七〇〇〇種類の化学物質が含まれており、有害商品の代表選手と言っても過言ではない。だからこそ、多くの国々で喫煙規制に真剣に取り組んでいるのである。今回の判決は、歴史の審判に耐えられないものと断ぜざるを得ない。

市民の要望を無視していた国鉄が、裁判提起後、次々に禁煙車両を増やしてきた。それは、原告・弁護団の読み筋に入っていたといって良い。この意味で本件訴訟は、このたびの判決を待たずして、すでに勝訴判決を先取りしてきた。原告・弁護団は初期の目的を達したという大局的判断のもとで「実質勝訴宣言」を出したのである。しかしそれは多分に原告・弁護団の戦術的色彩の濃いものであり、裁判長の判決理由に原告側も満足している名判決などと誤解してもらっては困るのである（一九八七年四月一七日付『週刊法律新聞』「論壇」より）。

「タバコに甘い嫌煙権判決」(穂積忠夫弁護士)

この訴訟を起こした主な理由は、禁煙車増設の要望をまともに相手にしない国鉄を議論の場に引き出すと同時に、訴訟を続けること自体が国鉄に禁煙車を増やさせる圧力になると考えたからであり、裁判所がタバコの問題で国や国営企業に不利な判決を出すとは誰も期待していなかった。禁煙車を増やすという私どもの目的は、今日、相当程度実現し、その意味で原告は勝訴判決を実質的に先取りしたということができよう。

しかし私としては、私自身を含めて原告側の誰一人として日本の裁判所で正義が実現するとは思っていなかったこと、そしてその予測が気味の悪いほど細部まで正確に的中してしまったことについて、果たして日本の司法はこれで良いものだろうかと考えてしまうのである(『状況と主体』一九八七年五月号「今日の諸問題」より)。

第5章資料解題

第5章の資料として、この判決が出る四年前、一九八三年に書いたものを四本収録しました。同年一一月末には、田中角栄・元首相への実刑判決が言い渡された後の衆議院解散として、「田中判決解散」「ロッキード選挙」と呼ばれた選挙が行われました。

本章の資料は、この年の一二月から二月までに『旬刊民報』において連載された記事です。当時の「日本政治とタバコ」問題の根深さを垣間見ていただけると思います。

また、「喫煙規制強化こそ真の利用客サービス」では、当時見られるようになった営団地下鉄で禁煙呼びかけの取り組みについて触れています。本章の「あゆみ」で触れられているように、嫌煙権裁判の提訴後、国鉄は次々に禁煙車両を増やしました。これは明らかに運動による圧力の効果であり、「実質勝訴宣言」の根拠となりました。資料②では、営団地下鉄（現在の東京メトロ線を帝都高速度交通営団が経営した当時の呼称）が、国鉄に先駆けて喫煙規制強化の英断に踏み切っていたことがわかります。

資料① 金権だけでなく大多数はスモーカー議員

（「広がる嫌煙運動」、『旬刊民報』一九八三年一二月一五日号）

いよいよ今日から総選挙である。この号が出る一五日あたりはギリギリの終盤戦で、各政党、候補者も、目の色変えて必死の票読みをしている最中だろうと思う。

「角栄解散」「目白解散」「政治倫理解散」「ロッキード解散」などと呼ばれて、もっぱら今度の選挙の〝主役〟（悪役）は田中角栄サンということになっているが、各党の政策の中身もじっくりと検討してみる必要がある。

ところで、喫煙問題が今までの選挙で問われたことがあるだろうか。私の知るかぎり、各党や候補者がタバコ問題を論じるときは、たいていこういう理論となる。

「庶民のささやかな楽しみである酒やタバコの間接税はぜったいに値上げさせません」

「全国の葉タバコ農家と小売店を守るために専売制度を維持させます」

これらの発言は、保革を問わず——なのである。

いったい、これだけ次々とタバコの有害性や、間接喫煙の被害、そして禁煙・嫌煙権運動が大きくクローズ・アップされている時代にこのような態度で終始してよいのだろうか。

国立がんセンターの平山雄博士の二六万人を超える疫学調査や、国立公衆衛生院浅野牧茂博士の間接喫煙の一連の研究が、人間の健康・生命の問題を真剣に考えるのであれば、タバコと縁を切りなさいとハッキリ証明している時代に――である。

だいたい〝庶民のささやかな楽しみ〟という発想が、まず間違っている。酒については、適量飲むということであれば、かえって身体に良いという研究もある（もっとも、このアルコール問題も、突っ込んでいくといろいろあるが、ここでは連載の趣旨からいって追及しない）。しかしタバコについては「百害あって一利なし」なのだ。

また果たして〝庶民〟の全部が〝楽しみ〟として扱っているだろうか。決してそうではないはず。各種世論調査の中でタバコについてのアンケートでは、少ないもので六〇％、高い数字では八〇％もの人は程度の差すらこそあれ、「やめられればやめたい」と答えているのが実態ではないか。

いったんタバコを吸い出してニコチン中毒となってしまった人たちにとっては、「ささやかな楽しみ」などでは決してなく、「相当な苦しみ」ととらえる方が正しいと思うが、どうであろう。

政治は、そして政治家は、これらの煙の囚われ人を救わなければならない。すべての教育プログラムや、国民の保健衛生行政の中にしっかりと禁煙教育を組み込ませるのは、政党や国会議員の使命ではないか。

しかし、現状はどうか。

「喫煙問題国会議員懇談会」が嫌煙権運動の働きかけで、超党派で誕生し、細々ながら活動を続けているが、圧倒的多数のスモーカー議員の中では、大きなパワーに育つのはとても難しい。

後藤田正晴、二階堂進、竹下登、福田赳夫、秦野章、安倍晋太郎、林義郎、渡辺美智雄、金丸信（自民・敬称略以下同じ）、飛鳥田一雄、大出俊、鈴木一美（社会）、竹入義勝、矢野絢也（公明）、春日一幸、佐々木良作（民社）、上田耕一郎、沓脱タケ子（共産）、などの他、野坂昭如、青木茂、八代栄太、中山千夏など、こちらの〝超党派〟の方が、いずれも党の要職にある議員ばかりで、テレビや新聞、雑誌の対談などで、しばしば喫煙シーンにお目にかかる。欧米では、もしこんな事態が続いたら、次の選挙では落選してしまうそうだ。

私たちの運動も、大きく世論を動かしてはきたが、「吸うのが当たり前社会」を変えてゆくには、まず政治家が意識を変えてもらわねばならぬ。人びとの会は、衆議院選挙で初めて各党にタバコ問題でアンケートを実施した。

私たちのこんな〝ささやかな〟取り組みがやがて多くの嫌煙派議員を生み出し、国会の場できちんと、タバコ問題が論議される日を信じながら……。

資料② 喫煙規制強化こそ真の利用客サービス

（「広がる嫌煙運動」、『旬刊民報』一九八三年一二月二五日号）

営団地下鉄が、一一月下旬から、思い切った禁煙の呼びかけを始めた。各駅の掲示板や通路にポスターをたくさん貼り出し、また、エスカレーターや駅構内にも、プラスチック製のボードで大きくタバコにバツをして禁煙を訴えている。ポスターの文面はこうだ。

「禁煙のお願い（タイトル）――営団では、皆様のご協力によって朝と夕方のラッシュ時に禁煙タイムを設けておりますが、事故防止のため、この禁煙タイムのほかに、歩行中禁煙とエスカレーター内禁煙を実施いたします。次の場合にはおたばこは、ご遠慮くださるようご協力をお願いいたします。●禁煙タイム・七時～九時三〇分、一七時～一九時の時間帯は駅構内の全域を禁煙といたします。●歩行中禁煙・禁煙タイム以外の時間であっても歩行中は終日禁煙といたします。●エスカレーター内禁煙・事故防止のため、エスカレーターご利用中は禁煙といたします」。

こうハッキリと書かれており、従来のような、モミ手で顔色うかがいながら……というトーンではまったくない。

地下鉄では、福岡が昨年の開通時から、札幌では今年の六月から、「ホーム内全面禁煙」を打ち出し注目されている。改札口を一歩入ったら、とにかく一切吸えないのだから、したがってポイ捨てもなく、駅のホームも線路もいつもきれいになっているようだ。

さて、私は毎日小田急線―千代田線―半蔵門線と乗り継いで事務所に来ているが、やはり〝無策〟の小田急の汚れがひどい。小田急線では、新宿駅など、ほんの数か所の主要駅だけが禁煙の方針や禁煙タイムを実施しているが、アナウンスも少なく、表示するパネルやポスターも目立たないために、非常にスモーカーが多い。

また第五回で述べたように、柱毎に灰皿が置かれており、つい何気なく一服ということになってしまうのだろう。しかもその灰皿のうち、だいたい半分から三分の二ぐらいは、しっかり消していないタバコのために、モクモクと煙が立ち上っているのが実態だ。

この臭いは本当に嫌だ。ただでさえクサいタバコの煙が、何種類も混ざって一種独特な臭いとなっている。

これは、小田急に限らず、他の私鉄、国鉄でも一緒だろう。吸った後の吸い殻の始末をどうするかということでは、特に、マナー、モラルに待っている現状からは一層解決はむずかしい。交通機関は、タバコの後始末のためにどのくらい迷惑をこうむっているか気づいていないのだろうか。

「吸うのが当たり前」という日本社会では、〝お客様サービス〟として一生懸命に灰皿を用意し、ホームにも線路にも投げ捨て自由という状況が続いているが、これに大きくブレーキをかけようと、なぜしないのだろうか。

約二〇〇種類という、信じられないような大量の有害物質を含む煙を立ち上らせ、そして、いつでもどこでもポイ捨てをして環境を汚していることを、なぜ見逃しているのか。

営団地下鉄の〝英断〟は、私たちが目指している「嫌煙の時代」への第一歩である。とにかく、所定の場所以外では吸えなくしてほしいというのが私たちの願いなのだ。

もし、全国の交通機関がホーム内歩行禁煙と灰皿の数を思い切り減らして、せめて一つのホームで三か所くらいの「煙所」を設け、原則として禁煙にすればホームも線路もきれいになり、清掃費も大幅に減って一石二鳥ではないか。

いや、このような喫煙規制を強化することにより、多くの「やめられればやめたい」とスモーカーの断煙のキッカケを作るとすれば、これが本当の意味の「利用客サービス」になると思うが、いかがだろう。

資料③　自民党、新自クはタバコ問題に後ろ向き

（「広がる嫌煙運動」『旬刊民報』一九八四年一月一五日号）

総選挙の審判が下った。

自民党惨敗という、久しぶりに胸のつかえが下りた結果となった。渋い顔の二階堂幹事長の顔がテレビの画面に出る度に、心の中で快哉を叫んだ方も多いだろう（フシギなことにトレード・マークの葉巻姿は見られなかったが……）。

実は、今回の選挙で、衆議院では初めての政党アンケートと、東京、大阪、兵庫の三地域で全立候補者に対するアンケートを嫌煙権運動の立場で行った。

結論として、自民党、新自由クラブはタバコ問題に非常に後ろ向きということと、候補者個人でも、ほとんど無回答――アンケートの無視――ということが目立った。

政党に対するアンケートは、解散当日の一一月二八日に各党の本部宛にそれぞれ党首名で郵便書留で発送、一二月五日までに回答を求めた。全部で八党のうち、期日までに回答があったのは六党。社民党とサラリーマン新党からは回答なく、一応社民連は本部宛に電

話連絡を行ったら「検討中」という。サラ新党は、青木茂代表の事務所に電話したが留守。翌六日、マスコミへの発表もあるのでもう一度念のためにと連絡したところ、社民連本部から「今回はパス」との返事。サラ新党は八木大介氏の事務所に電話したが、秘書の女性が出て、アンケートそのものもご存知ない。

市民との連帯や、市民運動との交流を旗印にして成り立っている「政党」なのに、なぜ無回答なのか、いずれ私たちの会を中心にきちんと申し入れるつもりでいるが、ここでは事実関係だけを述べておこう。

さて、各党の回答の中身はこうだった。

厚生省に本格的な喫煙対策を行わせる／〈賛成〉社、民、共。〈現状〉自、公、新自ク。②タバコの広告・宣伝費について／〈大幅に減額〉社、公、共。〈現状〉自。〈民営化〉新自ク。③長距離列車の半数以上を禁煙車に／〈賛成〉社、民、共。〈もう少し増やす〉自、公。〈無回答〉新自ク。④病院待合室の禁煙化／全政党が賛成。⑤小学校からの禁煙教育／〈賛成〉自、社、公、民、共。〈現状〉新自ク。⑥「喫煙の場所的制限等に関する法律案」に／〈成立目指し努力〉社、共。〈時期尚早〉自、公。〈わからない〉民。〈必要ない〉新自ク。⑦政府のがん対策にタバコ問題をとり入れる／〈賛成〉社、公、共。〈認識を深める〉民。〈専門家の判断〉新自ク。〈現状〉自。⑧テレビＣＭについて／〈中止〉社、共。〈悪影響を調査〉民。〈現状〉自、公。〈民営化〉新自ク。⑨第六回世界会議（八七年北九州）に協力するか／〈協力する〉社、共。〈検討する〉自。〈その他〉民、新自ク。〈無回答〉公。

回答について、順を追って若干のコメントを加えてみたい。

まず①であるが、今厚生省では結核難病課の中にたった一人担当が居るだけで、二度の通達を出しただけなのだ。〈現状のまま〉ということは、何もやっていないということをそのまま認めることになる。②のタバコの広告・宣伝費は、八三年度で二〇億にもなるという。「行革」の趣旨から言っても、これは大幅減額としなければおかしい。③、④は全党が賛成していることで、一日も早い実現化を期待したい。⑤で新自クだけが〈現状〉と答えているが、これは何もやっていないということなので、おかしい回答だ。⑥では、もう欧米先進国ではいろいろな立法化を図っているのだから、国会で議論されても良い時期と思うが……。⑦自民党の〈現状通り〉という答えは、何も考えないということである。⑧ほとんどすべての国で禁止されているＣＭを、なぜ〈現状〉と認めてしまうのか、理解できない。⑨先の衆院選の際には、全党が協力すると回答していたのに、具体的に開催が決まった途端に歯切れが悪くなったことは、納得できない。

伯仲国会となったことで、私たちのアンケートも各関連委員会で十分論議が可能となってきた。行政を変えるために各政党の取り組みを注目したい。

資料④　「たばこは健康のもと」厚相発言に抗議

（「広がる嫌煙運動」、『旬刊民報』一九八四年一月二五日号）

一二月二八日付『朝日新聞』を見て驚いた。社会面の見出しに「喫煙は健康のもと――渡部厚相　地元サービス？発言」とある。記事を読むと、「選挙期間中は一日八十本吸った。たばこは健康のもとだ」という。これもスモーカーの林義郎前厚相が「物議をかもすぞ」とたしなめたが、「ボクが選挙で得票した八万八千票のうち二万票はタバコ生産農家。たばこを吸うと長生きするんだよ」。

二八日ということは、官庁はこの日で仕事納めであり、抗議をするのなら、正月明けでは気のぬけたビールみたいになってしまうので、決断を迫られた。

さっそく「抗議声明」づくりにとりかかる。並行して、厚生省への連絡、記者クラブへの電話、そして同行するメンバーへの要請……。幸い、中田みどりさんと、宮崎恭一氏（日本禁煙協会副会長）の都合がつき、三人で二八日午後二時、厚生大臣室へ乗り込んだ。

当の渡部厚相は、国会へ出かけていて不在だったが、秘書官二人が応対。さっそく抗議声明を読み上げた。少し長いが、全文を紹介したい。

タバコが健康にとって有害であることは、疑うことのない事実である。WHOの度重なる勧告や、厚生省自らも二度の通達を出し、喫煙は肺がんはじめ心臓病やその他の呼吸器疾患と密接な関連があり、これを抑えることが大変重要である旨の公式文書も出している。一九八三年七月、カナダで行われた第五回喫煙と健康世界会議でも、欧米先進国、特にカナダ、アメリカ、イギリス、スウェーデン、ノルウェーなどでは、厚生省や医療機関関係者が数多く参加し、がんその他疾病の制圧には、喫煙規制が最も重要なカギを握っていることが発表されている。国民の生命・健康を守る立場の厚生行政のトップとして、今回の『たばこは健康のもとだ』という発言は、いかに地元向けのものとしても、これまでの厚生省の立場、および国際的な流れをまったく無視した不思議極まるものであり、見過ごすことはできない。四年後、第六回喫煙と健康世界会議の開催は、すでに日本に決定しており、過去五回の会議では、特に開催国の厚生省は、非常に熱心な喫煙対策を行い、タバコ離れを促しているのである。直ちに昨日の発言を撤回し、がん制圧の要でもあるタバコについての徹底的な対策を早急に行うよう厳重な申し入れを行うものである。

テレビのカメラが何台か、盛んに回っており、厚生記者会の各社取材もずいぶんたくさんの顔が見える。

翌二九日の朝刊各紙は、この日の抗議行動をほとんど全部の社が報道した。各地の仲間からも、次々に電話が入り、素早い対応に皆喜んでくれていた。

以前自民党政治家のスモーカー議員の名前をあげたが、この渡部厚相は、気づかずにいた。今回、はからずもこの「反嫌煙発言」が報道され、その日に抗議声明を出せたことで、結果的には全国の禁煙・嫌煙団体の存在が大きくクローズ・アップされた。

「タバコ健康論」の不見識発言が、まだ話題から消えない一月五日、渡部厚相は今度は原発問題でまた勇み足発言を行った。出身地の福島県で原発立地が進んでいるので、これも健康に良いとやったのだ。しかし良く考えれば、彼の出身地は山奥の会津地方であり、原発のある海岸線「浜通り」からだいぶ離れているのだから、これは滅茶苦茶な論理である。しかも、現在五一歳の渡部大臣の年齢からいっても、彼の健康と原発とは何ら関わりがないことも明白。リップサービスもここまでくると、何をかいわんやである。

しかし、嫌煙権運動にとっては、今回の二つの出来事はむしろ幸運であったかもしれない。「原発や核の問題は重要だが、たかがタバコではないか」というような市民運動の見方がなきにしもあらずだったのが、今度の渡部発言が、まったく同格にしてくれた。

ひょっとすると、この渡部新厚生大臣、嫌煙権運動の良き理解者？

資料⑤　タバコの大幅値上げは一石六鳥

（「広がる嫌煙運動」、『旬刊民報』一九八四年二月五日号）

姫路市で一九七一年から活動を続けている禁煙運動団体がある。「日本禁煙貯蓄連盟」といってなかなかユニークな会だ。

この会から、一月一〇日発行の機関紙『禁煙』が送られてきた。高橋宏会長の新年のあいさつや、関係者の熱心なとりくみなど、充実した紙面となっている。

八ページに「禁煙貯蓄の計算」という、一日一箱のタバコ代を〝つもり貯金〟したら、いったい何年でいくらになるかという表がある。いやこのリストをみてびっくりした。なんと、キャビン一箱、五〇年間で二〇〇〇万円を超えてしまうのだ。

いま、新年度の国家予算が連日のようにマスコミで報道されている。中曽根首相が、総選挙の際に公約した「増税なし」は、いつの間にか消え去り、お酒の増税を中心に公共料金の値上げなどが大蔵原案に盛り込まれ、私たち庶民の暮らしは、大打撃を受けること必至である。

サラリーマン新党の青木茂代表なども、連日コメントを述べ、家計が苦しくなると、この予算案を手厳しく批判している。内外タイムス紙では、一面トップで、デカデカと青木氏の談話を中心に特集を組み、中曽根内閣の姿勢を追及した。ところが、である。同紙のインタビューを受けている青木氏の大きな写真は、左手にタバコをかかげてのポーズ。

表をよく見てみると、マイルドセブン一年間でも、七万円を超してしまうのだ。

〝家計にシワ寄せ〟の金額は、新聞各紙の数字をみても、二万円～四万円位の数字である。マイルドセブンたった一箱でも七万円を越してしまうのだから、一日四〇本～五〇本以上も吸うヘビースモーカーの場合は、何十万という金額を灰にしている勘定になるだろう。まさか、一万円札や五千円札そのものに火をつけて燃してしまう馬鹿はいないだろうが、結果的に大切な財産を灰にしていることになる。サラリーマンの生活防衛を叫ぶなら、まず身近なムダを無くす努力が大切だと思うのだ。

ここで、私の率直な考えを述べてみたい。

今回の増税案には出てこないが、タバコこそ最も値上げすべき商品ではないだろうか。もともと日本のタバコは、欧米各国に比べて安過ぎる。もしタバコを大幅に値上げすると、どうなるかを考えてみた。

禁煙貯蓄の計算「身体が健康になってお金が貯まる」

禁煙期間	ハイライト（170円）1日1箱	マイルドセブン（200円）1日1箱	CABIN、峰（220円）1日1箱	購入できるもの（目標）
1（年）	63,767（円）	75,020（円）	82,524（円）	北海道パック旅行
5	356,431	419,331	461,265	
10	823,945	969,348	1,066,283	
15	1,437,161	1,690,779	1,859,857	乗用車
20	2,241,488	2,637,045	2,900,750	
25	3,296,483	3,878,217	4,266,039	モーターボート（21フィート）
30	4,680,270	5,506,202	6,056,824	
35	6,495,317	7,641,551	8,405,709	嫁入道具一式 近畿宝くじ1等賞金
40	8,876,026	10,442,385	11,486,627	
45	11,998,687	14,116,102	15,527,716	マンション 私大医学部入学金
50	16,094,527	18,934,738	20,828,216	

※1984年1月1日、日本禁煙貯蓄連盟作成

①喫煙者の七割以上はやめられればやめたいと思っているスモーカーだから、タバコ離れを促進し、タバコに起因する病気を減らすことになる。したがって医療費も大幅に減るだろう。②青少年が買いにくくなり、未成年喫煙者を大幅に減らす。③一本一本を大切に吸うようになり、歩行喫煙や列車内、職場内での〝なにげない一服〟を減らす。④したがって街や事務所もきれいになり、受動喫煙に悩まされることもなくなる。⑤タバコの火の不始末による火災が減る（現在火災発生原因のナンバーワン）。⑥販売本数が減っても値上げで充分カバーできるはずなので、財政に穴をあけることはない。

と、ざっと考えただけでも、これだけのメリットがあるのだからまさに一石六鳥のタバコ値上げではないか。ただし、これには条件がある。一昨年のよ

うな、一本一円などというミミッチイ値上げではダメで一挙に二倍位にしなければ効果はない。

がん制圧や、教育問題に熱心な中曽根サン、いかがだろう。このタバコ大幅値上げ案。充分検討に値する「名案」ではないだろうか。それとも発言はポーズだけ？

コラム

タバコ問題常識のウソ

「意思が弱い」からやめられない?

タバコを吸っている人は「本当はやめたいのだけれど、意思が弱くて……」とよく言っていますが、果たしてそうなのでしょうか。私は、この言葉を根本から考え直す必要があると考えております。

タバコを内心やめたいと思っている喫煙者は七割にのぼるという調査報告がなされています。すると、タバコの有害性についてのマスコミ報道、子どもの突き上げ、周りの白い目、タバコの値上げ、喫煙場所の規制、海外の動向――これらの社会的現象に逆らって吸い続けている人は、相当「意思の強い人」なのでしょうか。

実は、「意思が弱いからやめられない」という〝思い込み〟が脳に強く刷り込まれていると、これがニコチンの依存性とマッチして、なかなかタバコと縁を切ることができないのです。したがって一度、タバコに対する感覚を自動車のギアで言えば「ニュートラル」にする必要があります。この〝思い込み〟をなくしたことであっさりと禁煙に成功した人は、たくさん存在しています。

喫煙者のための「灰皿」（喫煙所）は必要か？

昨今JTは、駅前や繁華街などで「灰皿」「喫煙所」を増やそうと躍起になっています。キーワードは「分煙」で、「吸う人も吸わない人も仲良く」とメディアで盛んにキャンペーンを展開しています。しかし、多くの喫煙者は内心「やめたい」と思いながら吸っているのですから、灰皿や喫煙所はないほうが、スモーカーのためでもあるのです。

昔、英国の登山家ジョージ・マロリーが、新聞記者に「なぜエベレストに登るのか」と問われた際、「そこにエベレストがあるから」と答えた有名な話があります。喫煙者は、「そこに灰皿（喫煙所）があるから吸ってしまう」のです。全面禁煙であれば、最初から吸うことを諦めます。その証拠に、航空機、新幹線、地下鉄、バス、タクシー、野球場、サッカー場、映画館、劇場などは、現在ほとんど全面禁煙となっており、それに対して「吸わせろ」という喫煙者はほとんどおりません。

ここで、「ゴミ箱」の問題も考えてみたいと思います。昔、東京の陣馬高原でもあちこちにゴミ箱が置かれていましたが、ほとんどが紙くずや弁当の空き箱、ペットボトルなどで溢れており、周囲の景観が台無しになっていました。地元の自治体や観光協会が頭を悩ませた結果「ゴミ箱撤去」に踏み切り、「ゴミ持ち帰り」のキャンペーンを行ったところ、陣馬高原の自然環境がとてもきれいになった事実があります。

灰皿や喫煙所を設けると、その付近に吸い殻が散らかることにもなり、また煙と臭いの問題もあるので、「設置しない」のが、環境保全の観点からもベストな対策なのです。

軽いタバコなら害が少ないのか？

二〇一三年二月から「マイルドセブン」が「メビウス」という名前に変わったことはご存知のことと思います。「たばこ規制枠組条約」によって、「マイルド」とか「ライト」という表現を使えなくなったJTが、「メビウス」という名前に変更を余儀なくされたのです。

タバコは、たとえ低タール、低ニコチンの「軽い」タバコでも、その有害性に変わりはないことが、多くの研究で判明しています。タバコが肺がんなど呼吸器疾患と密接な関係を持つことは知られていますが、心臓病や他の多くの病気も喫煙と関係していることについては人々の理解度が低く、これが、タバコ業界の「マイルド・ライト路線」を助長する結果となっていました。とにかくタバコは火をつけた瞬間から、浮遊粉塵、一酸化炭素、アンモニア、放射性物質のポロニウムなど七〇〇〇種類もの化学物質を周囲に撒き散らしており、これは「低タール」だろうが「低ニコチン」だろうが、健康や環境に悪影響を与え続けており、「吸わない」ことがベストであることに変わりはありません。

タバコは個人の趣味・嗜好？

喫煙者への意識調査において、その七割以上がタバコを「やめられればやめたい」と思っていることはすでに述べましたが、さらに心理学的な設問を調査に加えてみると、実は喫煙者の九〇％以上が、「禁煙願望」を持っていることもわかってきました。人は皆、何らかの趣味をもっており、嗜好も多様です。しかし、「やめたい」と思いながら続けているのは「タバコ」以外にあるでしょうか。

したがって「愛煙家」という言葉は問題です。私自身二〇年間タバコを吸ってしまい、最後の数年間は一日に六〇本というヘビースモーカーでしたが、タバコの煙を「愛した」記憶はありません。毎日「やめたい、やめたい」と思いながら吸っていた苦い記憶が蘇ってきます。そんな、「タバコに囚われた哀れな喫煙者」だった私は、「愛煙家」という言葉を追放したいと心の底から思っており、「哀煙家」が正しい表現だと思っています。そして、「嗜好品」ではなく「死向品」こそ、適切な表現ではないでしょうか。

タバコを吸って国家財政に寄与している？

日本のタバコの税率は約六〇％で、他のいろいろな「商品」「食品」「飲料」などと比べて、かなり高い税率となっていることは、よくご存知のことと思います。そうした事情から、なかなかタバコをやめられない人からはしばしば、この高い税金を承知で喫煙を継続していることをして「国家財政のためになっている」といったコメントが聞かれます。

しかし、実際はどうなのでしょう。医療経済研究機構が「喫煙の社会的コスト」を詳しく調べた調査があります。ここではなんと、タバコ税収を約二兆円余とすると、タバコを吸うことによる医療費や身体のメンテナンス、火災リスク、労働力の損失などの総額は七兆円を上回ることが報告されています。つまり、国家財政をトータルで考えてみますと、タバコ税収の三倍以上もの大赤字になるというのが結論です。タバコはがんや肺気腫（COPD）、心臓病、糖尿病をはじめ、多くの疾病・死亡の最大の原因です。厳しい喫煙規制対策を実施しないかぎり国家財政はもたないという観点から、多くの国が禁煙活動に力を入れ、その結果喫煙率の低下と医療費の低減が促進されてきたのです。

「健保の赤字タバコ病」は、故・平山雄博士が提唱した標語ですが、まさに日本の甘いタバコ対策に一石を投じた表現でした。

禁煙教育（喫煙防止教育）は「寝た子を起こす」？

喫煙に関する教育・啓蒙活動を早いうちから行うと「寝た子を起こす」ことになるので、幼稚園や小学校の低学年向けには実施すべきでないという親や教育関係者は未だ多数存在していると思われます。

しかしこれも日本独特の現象で、欧米では一九七〇年代から「ノースモーキング・ゼネレーション」を合言葉に、タバコを吸わない世代作りに乗り出し、幼稚園や小学校低学年から、いろいろな教材や絵本などを使って喫煙の危険性をわかりやすく教えるプログラムに取り組みました。ＷＨＯもこの取り組みに注目し、「喫煙防止教育は家庭と小学校低学年から始めなさい」と加盟各国に勧告したのです。

一方、子どもは親の背中を見て育つと言われますが、親や教師、そして映画俳優や人気タレントがタバコを吸っていると、やはりその真似をしたくなって、喫煙開始の大きなきっかけを作ってしまいます。身近な大人がタバコを吸わずに、喫煙・受動喫煙の害を子どもたちに教えていけば、中・高校生になっても、タバコに手を出す機会が減ることは、これまでの数多くの調査・研究で判明しています。

「寝た子を起こす」という考え方は、将来のタバコに手を出す可能性のある子どもたちに喫煙の有害性を教えてもらっては困る、タバコ会社の陰謀かも知れません。

禁煙・嫌煙権運動はファッショ・魔女刈りだ

公共の場所、交通機関、職場などの喫煙規制が広がっていく中で、禁煙・嫌煙権運動に対する〝誹謗・中傷〟もまたエスカレートしていきました。

たとえば「不気味な正義感——個人的嗜好への干渉やめて」（作家、故・生島治郎氏）、「嫌煙権運動は魔女狩り的」（評論家、故・岩見隆夫氏）、「タバコは何も規制するような問題じゃない」（養老孟司氏）、「禁煙運動は陰謀の臭いがする」（作家、元東京都知事、猪瀬直樹氏）、などといったコメントです。

しかし、タバコを規制しているのは「禁煙・嫌煙権運動」ではなく、交通機関や自治体、民間企業の判断です。もちろん私たちは、交通機関や自治体、飲食店などに対し「タバコ規制対策」を求めてきましたが、それを「喫煙者追放運動」などと受け止める識者・文化人の視野の狭さには唖然とするばかりです。

また、これらの「文化人」の中には、「何でもアメリカの真似をしてタバコを追放しようとしている」などと主張する人もいます。たしかにアメリカにおいては、一九六四年に『喫煙と健康問題に関する公衆衛生総監報告書』が発行されて以降、連邦政府が先頭に立ち、がん協会、肺協会、心臓協会などもこれを全面的にサポートして、広告規制や警告表示などのタバコ規制が広がりました。しかしアメリカにおいても、「生産・販売を法律で禁止する」という方針は現在でもとられていません。

一九七〇年代以降、ＷＨＯ（世界保健機関）もタバコの有害性・危険性を「予防可能な最大の疫病」と位置づけて加盟各国に厳しい規制対策を勧告してきました。その流れの中で、ＷＨＯは二〇〇五年二月、「たばこ規制枠組条約」を発効、現在一八二か国（国連加盟国の九四％）がこの条約に従って、規制対策に取り組んでいます。ただし、残念ながら日本政府の足取りは鈍く、タバコの増税、警告表示のビジュアル化、職場や飲食店の全面禁煙化、広告・スポンサーシップの禁止などで、諸外国に比べて大きく水を開けられているのが実態です。

私たちの運動は、この世界的な流れに沿って展開しているものであり、「ファシズム」や「魔女狩り」と同一視されるのはまったくの筋違いと言わざるを得ません。「禁煙・嫌煙権運動」は、タバコの煙に悩む非喫煙者と、「やめたい」と悩んでいる喫煙者の双方を救うべく、タバコ問題の正しい情報提供・啓蒙活動を主眼に取り組んでいる、心優しい運動なのです。

第6章

「タバコ問題」情報収集と啓発

たばこ問題情報センターの発足

新しい「情報センター」の設立に向かって

一九八五年四月、長年国立がんセンター研究所で疫学部長を務めておられた平山雄博士が退官されました。「タバコとがん」の因果関係について様々な調査報告を行い、警鐘を〝乱打〟してこられた平山博士は、直ちに東京・市ヶ谷駅近くの東京都予防医学協会とのタイアップで「予防がん学研究所」をスタートされました。

平山博士は、「禁煙・菜食・がん予防」というキャッチコピーを広めたことで知られていますが、「がん予防」に生涯をかけて取り組み、国内よりはむしろ海外での評価が高く、タバコを吸わず野菜をたくさん食べれば「がん」の予防は可能であるとして英語論文も多数専門誌に寄稿され、国際がん学会やＷＨＯから何回も表彰を受けた稀有な学者の一人でした。

私はさっそく平山先生の事務所を訪ね、禁煙・嫌煙権運動の拠点として〝情報センター的な機能をもった組織〟を創設したいと提案させていただきました。

当時、嫌煙権運動の事務所は千代田区平河町の平河天満宮の境内にあったので、市ヶ谷の予防がん学研究所は自転車で一〇分もかからない距離にありました。私はその頃、「禁煙・嫌煙権運動」だけではなかなかタバコ問題の根本的な解決には直結しないという思いから、多くの学者・研究者や医療関係者、行政機関、民間企業などに働きかけて「タバコ問題」の正しい情報収集や提供を行う、メディアによるアプローチが最重要課題ではないか、という考えに至っていたのです。

こうして、この年の四月から、平山先生を中心に、伊佐山芳郎弁護士や穂積忠夫弁護士、毎日新聞の牧野賢治氏、東京衛生病院・林高春氏、日本禁煙協会・白石尚氏、作曲家・中田喜直氏、渋谷区恵比寿保健相談所長・斉藤麗子氏、禁煙教育をすすめる会・仲野暢子氏など（肩書きは当時）と密接な連絡を取り合い、一一月一六日、千代田区平河町の麹町会館で「たばこ問題情報センター」（以降、センター）の設立総会を行いました。私がWHOから禁煙運動賞を受賞したのは、センター立ち上げから三年後、一九八八年のことでした。

人 ひと

たばこの害を警告する活動を通しWHOから禁煙運動賞受賞

世界保健機関（WHO）から、禁煙運動賞が贈られた。たばこの害を警告する社会の声として、その幅広い社会運動が高く評価されたもの。カナダの厚生大臣ジェイク・エップ氏、米公衆衛生局のエベレット・クープ長官や予防がん学研究所所長の平山雄博士と並んでたばこ問題のプロフェッシ〃ナルとして認められたわけだ。

「とかく誤解されやすいのですが、〃たばこを吸うな〃という喫煙者追放運動ではないんです。〃吸う、吸わないは個人の趣味嗜好の問題だ〃と片づけられては困る。これは、本人の〃喫煙〃ばかりが問題にされていて〃吐煙〃や〃昇煙（副流煙）〃の危険性には触れられていない。明らかに、たばこ公害として空気を汚染しているのに、その点に着目してもらわないと困るということです」。

喫煙者を追い込んでいるわけではなく、そう仕向けてきた社会を是正する方向で働きかけている。

「エベレット・クープ氏は、たばこの常習性は麻薬と同一だと指摘している。WHOでも、たばこを〃予防可能な最大の疫病〃と位置づけて対策をたてている。にもかかわらず、日本では十分な情報を流さず、具体的な対策もなされていません」。

[illegible]たばこ[illegible]の野放し状[illegible]加えて[illegible]のたばこ小売店の〃出店規制緩和〃など、政府は時代の流れに逆行しようとしている。

「民営化されたとはいえ、日本たばこの株は一〇〇％大蔵省が保有していて、手が切れない状態です。各自治体も目先の税収を見込んで、たばこに甘くなっている。しかし、トータルで考えれば医療費などマイナス費用の方が多い計算になります。社会のオピニオンリーダーとして、国会議員、地方議員、各省庁、日教組、医学・教育関係者にもっと被害の部分を知ってほしいですね」。

たばこ問題情報センター事務局長
渡辺文学《わたなべぶんがく》さん

プロフィール　一九三七年、旧満州ハルビン生まれ。七〇年、公害問題研究会結成に参画。嫌煙権確立をめざす人びとの会代表世話人。禁煙教育をすすめる会顧問。禁煙教育を考える会代表世話人。たばこ問題情報センター事務局長。

1948 40 1988

World Health Organization
Organisation mondiale de la Santé

For continuing commitment in the field of health to the cause of tobacco-free societies, a Commemorative Certificate and Medal are awarded to

Bungaku Watanabe

on the 40th anniversary of the World Health Organization, which was also the World's 1st No Tobacco Day

H. Mahler, M.D.
Director-General
May 1988, Geneva

1988年11月14日付『日本消費者新聞』（上）、禁煙運動賞の証書（下）

平山雄代表の挨拶文（要旨）

センターの設立に際して、平山先生に代表就任と、各方面への呼びかけ文をお願いしたところ、早々と素晴らしい内容の趣意書を起草して下さいました。また、センターが発行する季刊誌のタイトルには、穂積忠夫弁護士より、英文の団体名「Tobacco Problems Information Center」の頭文字から『TOPIC』というネーミングを提案して頂きました。この『ＴＯＰＩＣ』の創刊号に掲載された平山先生の「設立趣意書」を紹介させて頂きます。

タバコは、現在最も普及している嗜好品で、しかも青少年や若い女性の喫煙率は上昇傾向にあり、その意味で社会的重要性の高い商品である。一九八五年四月一日から、日本でもタバコは民営となり、「日本たばこ産業株式会社」が発足し、同時に、外国タバコの販売も、いくつかの会社によって促進されることになった。タバコの社会的重要性は、その高い普及性に暗い影を落とす「喫煙の健康に及ぼす深刻で広範な影響」である。胎児の発育障害、慢性呼吸器疾患、心臓病、胃潰瘍などを多発させるだけでなく、がんの最大原因とみなされている。最近、ＷＨＯの国際がん研究機関は、五〇人以上の専門家を集めて討議した結果「タバコの煙が人に発がん性があることの証拠は充分」と結論した。吸い口からの主流煙、点火部からの副流煙、それに一旦吸われた後吐き出される排出煙の総称である。タバコを吸わない人が

『TOPIC』

吸わされる副流煙の発がん性が特に注目されており、吸っている人の発がん原因の一部にもなっていると考えられている。

たばこ問題情報センター設立の最大理由は、問題の重要性に加えて、その情報の激しい流動性にある。市場情報、医学情報、対策活動など、どれをとっても、目まぐるしい展開を見せている。要するに、タバコ問題の情報は、①問題の側から見た必要性(ニード)、②消費者の要望(デマンド)、③数多くの情報源(文献抄録、ニュースレターなど)、④数多くの会合、行事、⑤国内国外の法制化や規制、⑥禁煙教育などの諸点で山積しており、それを消化し要約する活動が、たばこ問題情報センターに課せられた任務である。

このような多岐な情報の①入手、②収集、③分析、④要約、⑤印刷、⑥配布のどの業務をとっても、労力、経費それぞれのユニットおよびトータルのシステム化は、まさに容易ではない。必要性は万人に明らかでも、〝猫の首に鈴をつける〟のと同様、周知を集めた上に、強い協力支援のバックを得ても、実行には大きな困難性がある。

しかし、唯座して待つには、問題の重要性はあまりにも大きい。たとえ不満足な情報センター活動でも、「試行」を開始する重要性を痛感し、充分な準備のないまま発足することとした。したがって、特に始めの数号は、暖かい目で迎えてほしい。一歩前進、ベター・ザン・ナッシングと評価していただければ幸いである。タバコ問題に対する社会の理性的、良識的対応に、本当の意味で役立つ「機能する情報源」に成長することを目標に努力したいと考える。

大橋巨泉氏は「禁煙・嫌煙権運動」のよき理解者でした。

月刊専門紙『禁煙ジャーナル』の発行

一九八九年四月、平山雄博士や川野正七博士（当時、たばこと健康全国協議会会長）と相談して、やはり月刊での専門紙がどうしても必要ということになり、全国協議会の機関紙として『タバコと健康』の創刊に踏み切りました。ほとんど財政的な裏づけもなく、ある意味では〝無謀〟な決断だったのですが、それを上回る〝情熱〟があったのかもしれません。

創刊号のメインテーマは、「タバコの広告禁止」でした。一九八五年に外国タバコの関税が撤廃され、それ以降、特

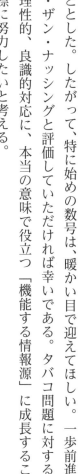

に米タバコの宣伝・広告は目に余るものがありました。ＪＴもこれに対抗して人気俳優やタレントを起用し、盛んにテレビ・ラジオ・新聞・週刊誌・雑誌などでタバコの広告を行い、電車の中刷り、街頭の看板、駅の掲示板などで日米広告合戦が繰り広げられることとなりました。「喫煙と健康世界会議」の決議などどこ吹く風とばかりに、タバコのＣＭ・宣伝が野放し状態になっていたのです。

『タバコと健康』平山博士の寄稿

次に『タバコと健康』で重視をしたのは、「職場の喫煙問題」でした。『タバコと健康』第二号で、平山雄博士が次のような提言を行っています。

近年、多くの職場で受動喫煙の影響を減らす努力がとられている。／タバコの煙は粘膜刺激、喘息や気管支炎、心臓病などの原因となる他に肺がんの危険が高くなる。職場での受動喫煙では肺がんのリスクは二倍になるとみなされている。非喫煙者の肺がんのリスクは建物内のアスベストの粉塵にさらされた場合より職場での受動喫煙のほうが五〇倍高いと専門家は推定している。／受動喫煙問題は「健康と安全」の問題であるから、非喫煙者が吸う空気をタバコの煙で汚染させない取り決めが必要である。数多くの調査で喫煙者でも七割以上がタバコの煙で汚れていない空気を吸いたいと望んでいる。労働者は原則として働く職場を自由に選択できず、一方、事業主は従業員の健康を守り、また職場の要望にこたえる責任がある。多くの職場で近年、喫煙制限が行われるようになったのは当然のことといえる。／職場での喫煙制限を行えば企業イメージが高まり、その他にも次の利点がある。①従業員の健康水準が高まり医療費が減る。②欠勤が減る。③環境が快適になるので労働意欲が高くなる。④生産性と効率が上昇する。⑤電子機器などの故障が少なくなる。⑥清掃費が減る。⑦換気やエアコンの費用が減る。⑧火災が減る。

平山博士のこの提言は、一九八九年四月六日に行われた「職場の喫煙問題シンポジウム」で紹介されたものでしたが、実に具体的でわかりやすい内容でした。

この『タバコと健康』は、一九九〇年一二月まで二年間にわたって発行され、全国の禁煙運動団体や熱心な医師、教師、弁護士の必読のミニコミとなっていきました。

『禁煙ジャーナル』に改題

ところで、この『タバコと健康』に対して、高校教師のK氏などからネーミングがおかしい、という意見が出されました。タバコは健康と相容れないものであるのに、この名称では、「タバコ＝健康」という印象を与えてしまいかねず、変更すべきであるという強い要請でした。たしかに『タバコと健康』は矛盾しており、平山先生や川野会長、通木俊逸副会長などとも相談の上、『禁煙ジャーナル』とズバリと本質を言い表すネーミングに改題したのです。このネーミング変更については、日本心臓財団・木谷道宣事務局長の強いアドバイスがあったことも紹介しておきたいと思います。

一九九一年一月に改題された『禁煙ジャーナル』の発行と期を一にして、センターが発行・編集母体となり、平山先生の意向もあって、代表が渡辺文学に代わりました。私が禁煙・嫌煙権運動にライフワークとして取り組む意思・意欲が決定的になったのもその頃でした。『禁煙ジャーナル』は二〇二三年現在も発行を続けており、二〇一二年秋には医学ジャーナリスト協会から「協会特別賞」を受賞しました。

第6章資料解題

センターの代表、および『禁煙ジャーナル』編集長として、私は各所での寄稿などによる啓発活動も行ってきました。たとえば一九九二年三月から翌年四月までは『毎日中学生新聞』で「たばこって何だ？」と題して中学生向けの連載を行いました。

たばこって何だ？
数字は語る
5,566
強いニコチンの毒
たばこって何だ？
数字は語る
46.3
たばこって何だ？
数字は語る
8,000
成人の責任厳しく問う
子供の喫煙許す行為に
たばこって何だ？
数字は語る
3,000,000
撲滅に全力をつくせ！

『禁煙ジャーナル』編集長として寄稿した、『毎日中学生新聞』での連載

本章の資料では、同様に連載を行った、イースト・プレス社発行の雑誌『がんを治す完全ガイド』での「禁煙通信」から、まずは「タバコとがん」に関して述べたものを収録します。厚労省国立がん研究センターの推計によると、受動喫煙による年間の死亡者数は、二〇一六年時点で一万五〇〇〇人にものぼります（同年五月三一日、厚生労働省が主催した「世界禁煙デー」で、同研究センターの片野田耕太氏が発

表した数字)。片野田氏らが、数年間の肺がんや心血管疾患、乳幼児突然死症候群(SIDS)などの死亡者を「受動喫煙に曝されていた可能性がある」群と「可能性がない」群に分類、比較したところ、受動喫煙に曝されていた可能性がある人は、ない人に比べ一・二八倍の死亡リスクになったとのことでした。さらに、このリスク値を二〇一四年度の死亡統計に当てはめたところ、受動喫煙による死亡者は年間一万四九五七人と推計されました。このうち女性が一万四三四人と、男性四五二三人の二倍以上となっています。

緩慢な殺人行為とも言える受動喫煙による死者の多くは、同居家族の妻子です。女性の受動喫煙死が男性の二倍以上という数値がそれを物語っています。全国の交通事故死が年間数千人という数字と比べてみて下さい。交通事故死の場合、時には刑事責任を追及され、賠償金も支払うことを考えれば、受動喫煙をめぐる状況は異常です。

本章の資料ではさらに、「タバコとスポーツ」をテーマに資料をピックアップしています。かつてのスポーツ選手には喫煙者が多く、吸っている本人の健康への影響もさることながら、多くの青少年の憧れである彼らによる悪い広告効果も考えるべきです。

資料① がん が減らない「対がん十か年戦略」

（「禁煙通信」、『がんを治す完全ガイド』二〇〇四年二月号）

現在、日本の死亡原因のトップは「がん」です。

ところで、この問題に〝政策的な〟取り組みを開始して、早くも二〇年が経過しようとしています。最初は一九八四年、中曽根内閣が政府として初めて「対がん十か年戦略」を打ち出しました。次いで九四年から「がん克服新十か年戦略」となり、現在「第三次対がん十か年総合戦略」が検討されています。

『読売新聞』では、二〇〇三年一二月三日から五日まで「がんに挑む」というタイトルで、一面で大きくこの問題を取り上げました。第一回目では、専門医や放射線技師の不足、研究所の職員の数、米国立がん研究所の年間予算約五〇〇〇億円に対し、日本の来年度予算が二六〇億円と桁違いの額を指摘。また、小泉首相が二〇〇二年の施政方針演説で「がん治癒率の大幅な改善を目指す」と述べ、がん対策の重要性を述べたことを指摘しましたが、今回の政権公約では、何も触れていないことを紹介しています。

第二回目は、「治療の質に地域格差」でした。放射線治療を例に挙げると、認定医は全国に四二三人おりますが、大都市に集まっており、ゼロの県やたった一人という県もずいぶんあるようです。三回目は、「新治療実現へ正念場」で、新薬の開発、基礎研究の実用化、新しい治療法の基盤整備などがうたわれています。

ところで、「がん対策」で「治療」はもちろん重要なことです。しかし最も大切なことは、「新たながん患者をつくらない」ことではないでしょうか。そのため、WHOは七〇年代から「喫煙規制対策」を勧告してきました。これを受けて、欧米先進国をはじめ台湾やタイ、韓国など、タバコ広告や自販機の禁止、禁煙教育の徹底、病院・学校・職場・交通機関などの禁煙推進、そして禁煙希望者への支援対策などに幅広く取り組んできた国では、肺がんなどタバコ関連疾患は着実に減少傾向を示しています。

わが国の「対がん戦略」は、八四年のスタート当初から、意図的に「タバコ規制」↓「禁煙推進」を避けて通っているのではないかと思います。〇四年度からの取り組み目標の柱も、①がんの本態解明、②基礎研究の臨床への応用、③革新的な予防、診断、治療法の開発、④がん発症率の低減、⑤全国どこでも質の高い医療を受けられるための地方拠点の整備、などとなっており、「禁煙」はまったく入っておりません。これでは「がん」が減るわけがありません。

がん対策の根本は「タバコ規制」「禁煙推進」でなければならないという当たり前のことが、なぜ中心テーマとならないのでしょうか。

その答えは明白で、政府がＪＴの株を六割以上も保有し、財務省がタバコ事業の監督官庁、さらに国会に多数の「タバコ族議員」が存在しているからです。これでは、「がん征圧」は掛け声だけで、世界の常識に逆らっているのが日本政府の姿勢と言わざるをえません。

資料② アスベスト問題、「タバコ」は意図的に〝無視〟？

（「禁煙通信」、『がんを治す完全ガイド』二〇〇五年九月号）

「アスベスト問題」が連日のようにメディアを賑わせています。肺がんの大きな原因であり、潜伏期間が三〇～四〇年という長期間、この「公害物質」を扱ってきた企業の社会的責任が問われています。新聞報道によれば、一九七六年にはアスベストの危険性が判明しており、厚生労働省でも、この問題に対して謝罪の姿勢を示しています。

では、タバコについて、日本政府はどのような態度で臨んでいたのでしょうか。

喫煙と健康の問題については、一九六四年に米国公衆衛生長官報告書『喫煙と健康』が刊行されてから、欧米先進国において本格的な取り組みが開始されました。実は、日本でも当時の厚生省がさっそくこの報告書を取り寄せて翻訳し、喫煙の害について認識していたのです。

『朝日新聞』客員論説委員の小林慶一郎氏によれば、アスベスト被害の問題は企業や省庁などの組織の限界を露にした面があると言います。

発症までの期間が三〇年もある問題を企業がきちんと考えて行動することは、組織の成り立ちからそもそも無理があると同氏は述べていますが、これは「タバコ産業」には当てはまらないと思います。

タバコの煙にはこれまでも指摘してきたように、七〇〇〇種類もの化学物質が含まれ、そのうち七〇種の発がん物質、発がん促進物質が含まれていることが確認されています。この煙が、喫煙者はもちろんのこと、周囲の非喫煙者にも多大の健康被害を与え続けているという事実は三〇年以上も前にＷＨＯはじめ多くの国々で確認されています。

小林氏はアスベストについて、「こうした問題を未然に防ぐには、予防原則を徹底するしかないが、現在の会社組織のあり方や社会通念では、不確かな危険に先制的に対処することは難しい」「二つの方向性はこの種の健康被害に限って、企業や行政の責任というだけでなく、関係していた個人の責任も訴求していくという考え方である」と述べていますが、まさにこれは私たちが取り組んでいる「タバコ病訴訟」や「禁煙タクシー訴訟」にもぴたりと当てはまる発言ではないでしょうか。

特に今回の多くのメディアの追及ぶりを見ていますと、アスベストという「有害物質・危険物質」を連日大きく報道していながら、むしろそれ以上の危険性を有しているタバコについての「無視」「無関心」の姿勢に疑問を感じています。

この落差はどこから来るのでしょうか。日本専売公社時代からの国の関与、そして「民営化」後も大蔵省→財務省の主導の中で、厚生省→厚生労働省の弱腰や、日本たばこ産業株式会社の歴代社長、タバコの有害性、依存性などについて後ろ向きの発言を行ってきた御用学者、文化人の罪は計りしれないものがあります。

さらにつけ加えれば、ジャーナリストの姿勢にも苦言を呈さなければなりません。タバコ公害の解決にも、もっと本腰を入れていただきたいと願ってやみません。

資料③　タバコの煙は「化学物質」のデパートです

（「禁煙通信」、『がんを治す完全ガイド』二〇〇六年五月号）

タバコの煙の中の「化学物質」は七〇〇〇種類にものぼります。

その中には「発がん物質・発がん促進物質」が、確認されているだけで約七〇種類あり、ニコチン、タール、シアン化水素、アセトアルデヒド、ホルムアルデヒドなど、多くの〝有害物質〟が含まれています。

また、空気汚染の主な原因とされているCO（一酸化炭素）やNOx（窒素化合物）も含まれ、発がん物質として有名なベンツピレンやニトロソアミン、放射性物質のポロニウム、ダイオキシンなどまさに〝毒の缶詰〟と言えるものがタバコの煙にはたっぷりと含まれているのです。

タバコの先から立ち上っている煙は「公害」そのものです。現在、家庭や職場では密閉度の高いアルミサッシや二重、三重の窓などで、気密性が保たれています。

したがって、赤ちゃんや体の弱い人、タバコの煙に過敏な人が周囲にいた場合、喘息など呼吸器の病気やアトピーなど皮膚疾患になる危険性がぐんと高まります。

職場では、換気装置や空気清浄機などによって浮遊粉塵や粒子状の有害物質はある程度削減できますが、ガス相の有害物質は空気を汚し続けているケースが多いのです。

「タバコの煙は公害だ」という私たちの主張に対し「自動車の排気ガスのほうが問題」などという議論が、今でも一部の作家、評論家、学者の間でも行われています。

たしかに、幹線道路の空気は、自動車の排気ガスによって色も臭いもひどく、また目や鼻、喉を刺激して「公害病」の原因となっています。この排気ガスの中には、二～六万ｐｐｍもの一酸化炭素のほか、多くの化学物質、発がん物質も含まれています。

では、タバコの煙が充満する部屋の空気を測定した場合、結果はどうだったでしょうか。国立公衆衛生院の実験によれば、この部屋の空気には四万ｐｐｍもの一酸化炭素が含まれており、狭い部屋での喫煙は交通混雑の交差点並みの一酸化炭素や浮遊粉塵で汚染されているという調査結果が出たのです。

自動車の排気ガスとタバコの煙については「どちらが有害か」という議論ではなく、双方とも空気汚染の重要な原因であり、国全体の総合的な規制対策が必要となっています。

喫煙者の多い職場で働く人は、常に「タバコ公害」の被害者となっています。換気装置が十分でない職場では、非喫煙者はもとより、喫煙者もタバコの煙によって身体の機能に異常が出てきます。

喫煙者の場合は〝自業自得〟とも言えるでしょうが、吸わない人が他人の喫煙によって喉や目や鼻が痛くなったり、呼吸器に異常が生じたり、がんや心臓病の危険を負わされてしまうことは、まさに人権問題と言えるでしょう。

職場や飲食店の煙害に悩んで「化学物質過敏症」の方々は、一日も早く健康増進法に〝罰則規定〟を設けてほしいと訴えています。

資料④　タバコ問題軽視の「がん対策」に異義あり！

（「禁煙通信」、『がんを治す完全ガイド』二〇〇六年八月号）

「禁煙通信」これまでのご愛読に心から御礼申し上げます。

さて、六月一三日、日本を代表する指揮者・岩城宏之氏が亡くなりました。マスコミは、氏の生前の活躍ぶりを盛んに報じていましたが、当日の『朝日新聞』夕刊で「その音楽人生は、常に病と隣り合わせだった。胃ガン、咽頭ガン、肺ガンなどで三〇回近く手術を繰り返した」と驚くべき記事が書かれていました。

私は二十数年間、著名人のタバコに関する発言をスクラップしていますが、岩城氏もスモーカーとして禁煙運動を中傷していたことを思い出し、探してみました。

すると、『週刊朝日』九一年四月一二日号に「愛煙家にもいわせろ」と題して禁煙運動を中傷している記述がありました。岩城氏はタバコの害をほとんど理解していませんでした。テレビも新聞も、岩城氏の訃報を大きく伝えながら、「がん」の最大の原因である氏のタバコ歴についてはまったく報じておりません。

ところで、「禁煙通信」の第一回目で「がんが減らない『対がん十か年戦略』」というタイトルで日本の「がん対策」がタバコ問題を意図的に避けているのではないかという問題提起をさせていただきましたが、その体質は変わっておりません。

たとえば本年六月、医療関連の法案が二つ採択されましたが、いずれも喫煙問題はおざなりでした。

その一つは「医療制度改革法」ですが、もっぱら医療費の問題が中心となっており「生活習慣病の予防」という項目がありながら、「メタボリックシンドロームの防止」とか、「食生活の改善」などが重要課題となっており、タバコ問題はまったく無視されていました。「生活習慣病」で何が最も疾病・死亡に直結しているかというと、「喫煙」が最大の原因であることは立証ずみです。二〇〇五年に発効したWHOの「たばこ規制枠組条約」でも、タバコの害について科学的に明白と位置づけ、各国に積極的な対策を求めています。

もう一つの「がん対策基本法」でも、「国、地方自治体、医療保険者、国民及び医師等の責務を明らかにしがん対策を総合的、計画的に推進する」などと書かれていますが、この法律の本文中に「タバコ」についての記述はありませんでした。

これではおかしいということで「付帯決議」が提案され、採択されましたが、「喫煙が健康に及ぼす影響に関する啓発及び知識の普及を図るほか、喫煙者数の減少に向けタバコに関する健康増進策を総合的に実施する」などと抽象的な内容でした。

会期末で成立が危ぶまれたこの法案ですが、審議の最中に、山本孝史議員（民主党）が自身のがん体験について涙ながらの告白を行い、それが与野党全議員の心を動かして、全会一致で採択されたことは特筆に値します。

山本議員は、禁煙推進議員連盟にも幹事として参加されていますが、ぜひ同氏の願いを重視して、国が抜本的なたばこ規制対策に取り組んでほしいと、連載の最後に訴えておきたいと思います。

資料⑤　大相撲升席の喫煙容認は「健康増進法」に違反している

（「禁煙通信」、『がんを治す完全ガイド』二〇〇四年六月号）

二月七日の朝日新聞「声」欄に「まいったなあ　升席での喫煙」という投書が掲載されていました。元関脇安芸乃島の引退、年寄襲名披露大相撲に孫たちと出かけた男性が、国技館升席のタバコの被害者となっての訴えでした。

実は、映画館、劇場など「屋内の催し物」は、従来「消防法」によって喫煙が禁止されており、あの広い東京ドームでさえも、閉鎖空間ということで、決められた場所以外での喫煙は禁止されています。プロ野球のスタンドは、屋外の甲子園球場も、昨年三月から禁煙となり、すでにすべての球場が「禁煙」となっています。

当然私も、国技館は禁煙と思っていましたが、日本相撲協会では、升席の喫煙について、「江戸時代からの伝統」とか「長年の慣例」と述べており、規制する考えはまったくない様子でした。そこで私は、日本相撲協会の北の湖理事長に、以下のような申し入れを行いました（要旨）。

「大相撲関係者の談話で、よく『神聖な土俵云々』という言葉を聞かされますが、タバコの煙の中には多量の発がん物質が含まれ、吸い殻は汚く、また火災の原因となるなど喫煙は『神聖』という言葉とはまったく相反する行為です。一方、スポーツと喫煙でも、特に瞬発力を争うような競技では、心臓・循環器系への悪影響が科学的に証明されています。これは『受動喫煙』でも確認されており、観客のタバコが、非喫煙の相撲ファンに甚大な被害を与えることは明白です。国技館をはじめ、名古屋、大阪、福岡など各場所においても、館内全面禁煙を実行されるよう要望する次第です」。

また、この相撲協会への要請とは別に、大阪府教育委員会に対して、以下のような申し入れを行いました（要旨）。

「健康増進法第二五条では、『多数の者が利用する施設を管理する者は、受動喫煙を防止するために必要な措置を講ずるよう努めなければならない』と定めています。大相撲の升席での喫煙は明らかに法律に違反しており、早急に館内の全面禁煙を実施されるよう強く要望します」。

しかし、今回の要請行動があまりにも直前だったために禁煙化は実現できませんでしたが、今年はあと四場所残っています。特に、名古屋と福岡には、熱心な禁煙運動関係者がたくさんいますので、がっぷり四つの力相撲になるはずです。

とにかく「法律」で受動喫煙の防止が謳われているわけですから、これを守らない場合は「地方公務員法違反」で、教育委員会を厳しく追及していけると確信しています。

さあ、相撲協会を寄り切るのが楽しみになってきました。

資料⑥　プロ野球選手とタバコを考える

（「禁煙通信」、『がんを治す完全ガイド』二〇〇四年一〇月号）

読売新聞社長の「ナベツネ」こと渡邉恒雄氏が、巨人軍のオーナーを辞任しました。皆さんは、日本のプロ野球監督や選手の喫煙率の高さをご存知でしょうか。巨人の堀内監督、広島の山本監督はじめ一二球団の監督のうち、たぶん半数以上の監督が吸っていると思われます。選手では、巨人の清原選手、近鉄の中村選手など各球団の主力選手はもとより、これも五〇％以上の選手が吸っていると言われています。

タバコを吸うと、心臓の動きが速くなり、常に負担がかかります。吸う前と比べて最大四〇％も心拍数が増加しています。これは、喫煙によって気管支や肺などの呼吸器や心臓の機能がニコチン、タール、一酸化炭素などで侵されている証拠です。また、ニコチンは自律神経を刺激し、心拍数や血圧に大きな変化をもたらします。

スポーツをするときには、体の細胞は二〇倍もの酸素を必要とします。ところが喫煙者は肺や心臓の機能が大幅に低下しているので、必要な酸素を筋肉に十分提供することができません。激しいスポーツで、すぐ息切れしたり、階段の昇り降りで息を切らすのも喫煙者によく見かける現象です。

元横綱の千代の富士が、一九九〇年の初場所で三〇回目の優勝を果たしましたが、その際のインタビューで「禁煙したお陰でこんな大記録が達成できた」と語っていたのが印象的でした。現在の相撲界では、あの小さな体でよくこのような偉業が達成できたものだとつくづく感心させられますが、タバコと決別したことで、肉体的だけではなく、精神的にも大きな自信がついたのでしょう。

欧米先進国や、最近では台湾、韓国、香港、タイ、マレーシアなど東南アジア各国でも、スポーツ選手や監督・コーチで、タバコを吸う人はほとんどおりません。一つは自分の体のためですが、もう一つは大勢の子どもたちに、喫煙という悪習慣を覚えさせないために、手本を示していると言われています。

冒頭、渡邉オーナーの辞任を伝えましたが、同氏は常にパイプを咥え、白い煙をくゆらせながらあたりを睥睨していました。青少年に夢と希望を与えるプロ野球のあり方を目指して、まずはタバコの煙を追放してオーナーも監督も選手も、真剣に取り組んでいってほしいと願ってやみません。

資料⑦　日本のプロ野球はタバコに無関心

（「禁煙通信」、『がんを治す完全ガイド』二〇〇五年八月号）

プロ野球・日本ハム球団は、仙台市・東北高校からドラフト一位で入団したダルビッシュ投手が、今春、キャンプ中に喫煙していた姿を写真週刊誌に報道され、球団寮での謹慎処分と社会貢献活動への参加を科したと発表し、多くのメディアでセンセーショナルに報じられました。

未成年者の喫煙増加傾向は、社会問題としてクローズ・アップされている矢先の出来事でした。同球団の島田総括本部長は、「われわれの教育が不十分だった。大変申し訳ない」と謝罪し、紙面を飾りました。

この問題について、二月二六日に全国総会を開いた日本禁煙推進医師歯科医師連盟（禁煙医師連盟）では多くの未成年選手を抱えるプロ野球一二球団に「タバコ問題」についてのアンケートを実施しました。

その主な内容は、プロ野球選手の喫煙率をはじめ、一酸化炭素と運動能力の相関関係や血圧上昇などについて聞きましたが、資料として運動障害、ニコチン依存症に関する情報なども入れて啓蒙を行いました。

期限までに、五球団から回答が来ましたが、最も早かったのは中日ドラゴンズで、着いたその日に投函されていました。最後は一八日付けの巨人でした。禁煙医師連盟では、未回答球団の総務部に対し、「他球団からは誠意ある回答が寄せられている」旨を入れて、再度調査書などを郵送しましたが、以後まったく音沙汰なしという状況です。

また、今回のアンケートの発端となった日本ハム球団からの回答がなく、調査の中心である大橋勝英医師は、「憤満の極み」と語っています。

大橋氏は、日本プロ野球コミッショナー、セ・パ野球連盟会長にも書簡を送りましたが、返事はありませんでした。トップがこういう状況では、昨年から言われている「プロ野球改革」についても、多くは期待できないと大橋氏は嘆いています。

未回答球団は以下の通りです。

日本ハムファイターズ、楽天ゴールデンイーグルス、ソフトバンクホークス、西武ライオンズ、阪神タイガース、ヤクルトスワローズ、横浜ベイスターズ。

回答のあった球団は、おおむね何らかの喫煙対策が講じられていますが、温度差はかなりあり、未成年者でなければ容認というところもありました。さらに、建物や施設内での受動喫煙対策もほとんど理解されていないようでした。

ＷＨＯでは、世界禁煙デーに際し、一九九六年＝「スポーツと芸術をタバコのない環境で」、二〇〇二年＝「タバコとスポーツは無煙です。きれいにやろう」というスローガンを掲げていますが、全球団とも知りませんでした。この両年は、多くのスポーツ界に強く働きかけるチャンスであったと私たちは深く反省しています。

第7章
タバコと公共

足立区と東京都で「分煙庁舎」実現

二三区で初の「分煙庁舎」誕生

タバコ問題情報センター設立の翌一九八六年四月一日、足立区役所の本庁舎が、各フロアとも完全に喫煙所を隔離した部屋とし、換気装置も別系統にして「分煙」庁舎を実現させました。これは二三区で初の快挙でしたが、その背景には、飯田豊彦区議が新庁舎建設の設計段階から関連委員会などで強く要望し、足立区長や区の幹部の意識を変えていったという経緯がありました。

飯田氏にその当時のことを尋ねると、委員会などでタバコ問題を持ち出すと、他の委員から「失笑」「嘲笑」されたとのこと。「たかがタバコの問題でなぜムキになって質問するのか」という、まさに無知・無理解からくる態度だったのでしょう。このような同僚議員の言動にもかかわらず、飯田区議は数多くの資料・情報を集め、働きかけを継続しました。

私も何回か同区を訪ね、多くのデータを飯田氏に提供しました。

この「分煙推進」に最後まで反対したのが足立区職員労働組合でした。これを知った私は、さっそく穂積忠夫弁護士と相談しました。穂積弁護士は、「タバコ問題」が単なる趣味や嗜好の問題ではなく、健康問題であるということで、「日照権」や「静穏権」と同じ「人権問題」であることを中心に同労組委員長に丁重な手紙を書き、非喫煙者が他人のタバコで受ける健康被害を強く訴えました。その結果、同労組も反対の姿勢を改め、「分煙庁舎」の実現に向けて大きく進展したのです。これまで、東京都では、三鷹市役所が唯一の「分煙庁舎」でしたが、これが二三区初の分煙となって、歴史の歯車が動き出しました。

東京都庁の新庁舎計画にオピニオン・リーダー一一〇名の賛同署名

東京都庁舎の新宿移転が決まったのは一九八五年九月、一九八八年四月着工予定とされていました。当時の都知事は鈴木俊一氏でした。移転を知った私は、足立区役所同様に設計段階から要請しなければ、一度建ってしまってからのアクションでは手遅れになると思い、いろいろと考えました。その結果、作曲家の中田喜直先生や大石武一氏（元環境庁長官／緑の地球防衛基金代表）を中心に一五名を発起人として、マスコミ電話帳などから約三〇〇名の著名人に「都新庁舎『分煙化』申し入れ」の賛同署名を募ることとなりました。

集まった署名の数は私たちの予想をはるかに超えて、また幅広い学者・文化人・作家などがこの「申し入れ」を受け止めてくださり、マスコミにアピールすることができました。以下に「分煙庁舎に賛同した主な文化人」のお名前を紹介します（肩書きは当時）。

芥川也寸志（作曲家）／浅利慶太（劇団四季代表）／石川弘義（成城大学教授）／磯村英一（都立大学名誉教授）／一番ヶ瀬康子（日本女子大教授）／犬養智子（著述業）／小野喬（元体操選手）／大賀典雄（ソニー代表取締役）／大田堯（東大名誉教授）／兼高かおる（ジャーナリスト）／梶谷善久（評論家）／菊竹清訓（建築家）／黒川紀章（建築家）／見城美枝子（TVキャスター）／コシノジュンコ（デザイナー）／椎名誠（作家）／鈴木武夫（元国立公衆衛生院院長）／清家清（建築家）／多湖輝（千葉大学教授）／高木仁三郎（科学者）／竹内直一（日本消費者連盟代表）／戸塚文子（評論家）／友竹正則（声楽家）／服部正（音楽家）／藤林益三（弁護士・元最高裁長官）／本多勝一（朝日新聞編集委員）／黛敏郎（作曲家）／丸元淑生（作家）／山岸章（全電通労働組合委員長）／山下泰裕（東海大学助教授）／山住正巳（都立大教授）※以上五〇音順敬称略

都の新庁舎のデザインは、専門家の公募の結果、丹下健三氏の案となりました。

この庁舎はぜひとも「分煙」にしてほしいとして、一九八六年六月一三日、賛同署名を持って、中田喜直先生を先頭に、白石尚、伊佐山芳郎、松本成子、仲野帽子、飯田豊彦六氏と私の七名が続副知事に面会、要望書を手渡しました。この日の『産経新聞』が「予告記事」で、社会面トップで私たちの申し入れを大きく報道してくれました。

「〝禁煙庁舎〟にするの⁉ 文化人グループが〝たばこ追放〟要望書」――「喫煙コーナー以外はダメ」というもので、新庁舎のイラストと浅利、磯村、兼高、コシノ、椎名、山下六氏の顔写真も掲載され、迫力ある紙面でした。この「要望書」の要旨は以下の通りです。

「新庁舎の基本設計が選定され、準備態勢が整ったと伺いました。「二一世紀を迎える東京の象徴にふさわしい建物と内容になってほしい」ということが私たちの願いです。私たちはその庁舎を、決められた喫煙所以外は禁煙＝「分煙」としてほしいと切望しています。WHOは「喫煙は健康に対する最大の障害であり、しかも避け得るもの」と規定しています。そして喫煙者本人だけでなく、周りにいる人達にも想像以上の害を与えることが世界中の研究で明らかにされてきました。都民の意識調査によれば喫煙者の七〇%以上が「禁煙願望」を持っていることが明らかとなっており、喫煙の場所的制限はこれらのスモーカーのタバコ離れの大きなきっかけともなるはずです。そしてこのことは受動喫煙に悩んでいる非喫煙者を救う最善の道でもあります、三鷹市役所が二〇年も前から実施しており、今年、足立区役所本庁舎でもスタートさせた「分煙庁舎」を、ぜひとも首都東京の新庁舎にも実現されるよう心から要望いたします」。

一九九一年四月一日、東京都の新庁舎は、職場は全面的に禁煙となり、換気装置を別系統にして、いくつかのフロアに「喫煙所」を設けて「分煙」で業務を開始しました。

第7章資料解題

二〇二〇年四月に施行された改正健康増進法によって、多数の人が利用する施設は「敷地内禁煙」と「原則屋内禁煙」の二つに分類され、この法律には罰則規定も設けられました。禁煙の義務に違反した場合は、罰則が適用されます。

「敷地内禁煙」には学校、病院、官公庁などが含まれます。一定の基準を満たせば屋外の喫煙所が認められますが、原則として建物の外の駐車場なども禁煙になります。「原則屋内禁煙」に分類される代表的な施設は飲食店と職場です。一定の基準を満たせば、喫煙専用の部屋が認められることがありますが、法律が掲げる原則はあくまで「屋内禁煙」です。

こうした法律は、欧米諸国だけでなく、韓国、中国都市部、タイ、シンガポールなど、アジア諸国でも当たり前で、多くの諸外国ではすでに屋内の公共の場所は原則として禁煙になっています。

本章の「あゆみ」では、多くの市民が出入りする区役所や都庁舎について、人々の要望によって、現在の禁煙・分煙の姿へと一歩ずつ変わってきたことをご紹介しました。資料として、日本社会における公共の場、すなわち職場、銭湯、路上、タクシーなどにおけるタバコの問題について、それぞれの時代の様子や、解決に向けて変わっていく様子がわかるものを収録しました。

交通機関のタバコ問題として、本書ではすでに国鉄・国・専売公社を相手どっての裁判の様子をご紹介しました。日本で初めて禁煙車両が導入されたのは一九七六年、こだまの一六号車のみでしたが、路線バスの禁煙化が実施されたのもほとんど同時期でした。飛行機の禁煙化はずっと後のことで、一九九九年四月に日本航空（ＪＡＬ）と全日空（ＡＮＡ）がすべての国内

昭和のタバコ問題ランキング

第1位	電車内でタバコが吸えた
第2位	飛行機内でタバコが吸えた
第3位	職場で自由にタバコが吸えた
第4位	飲食店・居酒屋では全ての卓に灰皿が
第5位	映画館内でタバコが吸えた
第6位	テレビでタバコのCMが流れていた
第7位	病院の待合室でタバコが吸えた
第8位	電車の中刷りでタバコの広告があった
第9位	駅のホームでタバコが吸えた
第10位	男性喫煙率＝ピーク時83.7％（1966年）

渡辺文学氏 インタビュー
森会長の姿勢がいいですね
タクシー全車全面禁煙へ それはドライバーの健康を守るため！

『taxi japan』2007年5月15日号

便・国際便を禁煙化しました。

交通機関や集客施設での禁煙が努力義務として浸透していったのは、二〇〇三年、日本でも健康増進法が施行された後のことでした。資料の最後にご紹介するのは、それからさらに遅れて、二〇〇七年から二〇一一年にかけて日本全国のタクシーが全車禁煙化していく、その初期の頃に寄稿したものです。

なお、JR東海、西日本、九州の三社は二〇二三年一〇月、東海道、山陽、九州新幹線の喫煙ルームを二〇二四年春に廃止することを発表しました。JR東日本やJR北海道の運行する新幹線はすでに禁煙のため、これで国内すべての新幹線から喫煙ルームが消えることとなりました。

また、「タバコと公共」のテーマでは、環境問題にも触れねばなりません。WHOによれば、タバコ産業は毎年、世界で六億本の樹木、二億ヘクタールの土地、二二〇億トンの水を喪失させ、さらに八四〇〇万トンの二酸化炭素を排出しています。原材料となるタバコ葉の大半は低・中所得国で栽培されていますが、その地域の食糧を生産するために必要な水と農地がタバコの栽培に使われ、そのために多くの森林を伐採しているのです。

また、タバコは地球上で最もポイ捨てされている商品であり、それによってタバコに含まれた七〇〇〇種類以上の化学物質が、廃棄される際に環境中に漏れ出しています。毎年およそ四兆五〇〇〇億個のタバコのフィルターが、海、川、歩道、公園、土壌、ビーチなどを汚染しており、マイクロプラスチックを含むタバコのフィルターゴミは、プラスチック汚染の二番目に大きな原因となっています。

タバコは地球環境を破壊する　渡辺 文学さん

タバコの煙には、四千種類の化学物質が含まれている。その中で、約二百種類の発ガン物質と発ガン促進物質が、内外の多くの研究報告で確認されている。喫煙は、浮遊粉じんや一酸化炭素、窒素酸化物などによって、空気を汚染していることも明らかになっている。

タバコ一本から出る煙に含まれる炭酸ガスの量は〇・五㌘である。一九八八年に世界中で消費されたタバコの本数は約五兆二千億本なので、二十六億㌔の炭酸ガスが発生したことになる。タバコの煙に含まれるメタンの量は炭酸ガスの約二倍であるから、五十二億㌔のメタンも大気中に放出されることになる。両方合わせて七十八億㌔に及ぶ「温室効果」を持つガスが放出された計算となる。また、葉タバコの処理のために、毎年約八百五十五万㌶の森林が破壊されており、乾燥その他の目的で木材を燃やすことにより大気が汚染され、大気中から炭酸ガスを除くのに必要な植物が失われている。タバコはまた、他のどんな作物よりも地中の栄養を吸い上げ、そのため大量の肥料が必要となり、他の作物に適さない土壌となってしまう。（米国リポートから）

紙の消費を考えてみよう。九〇年の日本のタバコ総販売本数は三千二百二十億本である。タバコの巻紙は、一本〇・一㌘として三万二千二百㌧となる。箱は一箱一㌘として一万六千百五十㌧。その他カートンやケースなどで約三十万㌧の紙がタバコの包装と輸送のために使用されており、この量は、日本全体の年間紙使用量の一％以上にもあたる。

このほか、チラシ、雑誌広告、資材の包装にも多量の紙が使われており、これらは全くリサイクルが不可能である。

また、日本の火災のうち、毎年五千件以上はタバコが原因で、貴重な財産を灰にし、しばしば人命まで奪っている。まさにタバコは「環境破壊商品」のナンバー1と言えよう。

WHOでは「予防可能な最大の疫病」として『タバコ病』の解決を提言し、年間三百万人が早死にしていると警告を発している。

大気を汚染し、森林を破壊し、火災を起こし、そして健康・生命に重大な被害を与えている「タバコ」に対して、政府は〝傍観〟を決め込んでおり、社会の対応も手ぬるい。

私は、一刻も早く「TKO（タバコ・ノックアウト）法案」の検討を、と主張したい。

（『禁煙ジャーナル』編集長）

1991年12月9日付『東京新聞』（上）、1989年12月3日『日本経済新聞』（下）

嫌煙権運動はこうした環境問題への影響についても当初から呼びかけてきました。私は現在、毎日「新型モク拾い」として一日平均六〇本のポイ捨てされた吸い殻を拾う活動を行っています（巻末「付録」参照）。

資料①　千代田区の「歩行（路上）禁煙条例」に思う

（「早稲田学報」二〇〇三年一月号）

東京都千代田区の「歩行（路上）禁煙条例」が二〇〇二年一〇月から施行されました。そして、一か月の〝周知期間〟（啓発期間）を終えて、一一月から「過料」の徴収が始まりました。この模様は、マスコミでも大きく報道されました。ごく少数の作家や評論家などによる反論・異論もありましたが、おおむね条例を支持するコメントが多かったように思います。

実際、一〇月一日以降、条例で定められた主要駅周辺のタバコの吸い殻は、施行前の二割以下と激減しましたが、この条例が、大きな成果を上げた要因は、次のようになると思います。

①石川雅巳区長と区幹部・職員の熱意、②徹底したキャンペーン（ポスター、チラシ、区の広報紙など）、③大々的なマスコミの報道、④「罰金」ではなく「過料」として区が主体的に徴収することとした。⑤「過料」の額を当面二千円と低く抑えたこと、⑥制服を

着た区の職員がパトロールを行っていること。

喫煙者は、これまでまったく無意識に歩きながら吸っていたのだと思います。自分の手にもっているタバコの火の問題、立ち上る煙の行方について考えたことなどなかったはずです。タバコの火の温度は七〇〇度とも八〇〇度とも言われ、これまでにも幼児のまぶたにその火があたり、失明寸前の事故になった例もあります。また、混雑した路上で、腕や洋服に火が触れて、火傷や焼け焦げを作られたという話もたくさん聞きます。

ところで、多くの地方自治体が、「ポイ捨て禁止条例」を施行していることをご存知でしょうか。一九九二年秋、福岡県北野町が全国に先駆けてこの条例を実施、その後多くの自治体が追随しましたが、その中で「罰金二万円」と定めているところも多数あります。しかし、約十年経過した現在でも、適用された例はゼロなのです。多くの自治体が「〝伝家の宝刀〟なので抜けない」などと言っていますが、抜けない刀なら、なぜこの条例を存在させているのか、理解に苦しみます。

「罰金」の場合は刑事罰ですから、警察の介入が必要となってきます。ところが、「ポイ捨て程度の犯行では……」という認識であり、取り締まる気はまったくありません。また、二万円という金額が多すぎることが、条例を有名無実にしているのでしょう。

私は、新たな条例を作らなくても、これまでの「ポイ捨て禁止条例」の中の「罰金」を「過料」に変え、違反者に対しては千円程度をその場で徴収するようになれば、歩きタバコはなくなり、街はきれいになると思っています。

「歩行禁煙条例」は、岐阜県白川村や、福岡市も導入することを表明しており、全国に広がる気配を見せています。

いずれにせよ、今回の千代田区の条例は、「吸って当然、捨てて当然」だったタバコ野放し国ニッポンの社会環境を変える一石を投じたものであり、特筆される出来事です。

毎年末、禁煙・嫌煙運動の仲間で選定している「タバコ問題重大ニュース」の第一位は、この条例の制定ということになるでしょう。

資料② 職場の煙害で初の勝訴＝東京地裁

（「禁煙通信」、『がんを治す完全ガイド』二〇〇四年九月号）

東京都江戸川区の職員、河村昌弘氏が同区に対し職場の禁煙・分煙対策が講じられなかったとして、治療費や慰謝料を求めた裁判の判決が七月一二日、東京地裁でありました。土肥章大裁判長は「区は受動喫煙の危険性から原告の生命、健康を保護するよう配慮する義務があった」と指摘し、五万円の慰謝料の支払いを命じた画期的な判決を下しました。

これまで日本では、タバコ関連の訴訟は一七件提起されてきましたが、二件の和解勧告がなされた裁判以外は、すべて原告側の敗訴となっていました。今回、初めて受動喫煙の被害を訴えた訴訟で、職場の管理者に対し一定の範囲で賠償責任を負う場合があるという判断を示したことは、各職場での環境整備に重い責任を課したといえるでしょう。

河村氏のケースは、配属された職場では自席での喫煙が認められており、気管支が弱かった河村氏は、タバコによって目やのど、頭の痛みに悩まされ、一九九六年一月に大学病院で「血痰、咽頭痛、頭痛など受動喫煙による急性障害の疑いがある」という診断を受けていました。

土肥裁判長は、受動喫煙の危険性に対し、区が安全上配慮すべき一般的な義務の内容について、「危険性や程度、被害結果など具体的状況によって決まる」と指摘し、そのうえで区が河村氏の人事異動までの約三か月にわたる健康被害について認定。この間の精神的、肉体的苦痛に対しての慰謝料を五万円と算定しました。

アメリカでは、タバコ関連の訴訟が一九六〇年代から現在までに一〇〇〇件以上も起こされ、特に九八年には、四六の州政府がタバコ会社を訴えた「医療費訴訟」で二五兆円という天文学的な金額で「和解」が成立。

また個人の訴訟では、二〇〇二年にカリフォルニア州の喫煙者による訴訟で、タバコ会社に三兆四千億円の賠償を命ずる判決が出るなど、日本では想像もつかない巨額の損害賠償が認められ世界的な話題となりました。

さて、今回の裁判の特徴は、弁護士を立てないで裁判を進めてきた「本人訴訟」にあります。河村氏は、最初の段階で何人かの弁護士に相談したようですが、タバコ問題に対する考え方や訴訟費用の問題で、なかなか合意に達せず、自身で訴状や準備書面を書き、証拠文献を集めて訴訟を進めました。

マスコミも今回の事件を大きく取り上げ、特に一三日の『朝日新聞』は一面トップで「職場の受動喫煙　賠償命令」と大きな見出しで報じ、私のコメントも掲載されました。

また、同じ日に日本相撲協会・北の湖理事長が、来年の初場所から升席を全面禁煙にする方針を明らかにし、各紙とも河村判決と合わせて報道。「禁煙推進」の流れが定着したことをアピールする紙面になっていたことも、嬉しいニュースでした。

資料③　銭湯からタバコ公害の追放を！

（「禁煙通信」、『がんを治す完全ガイド』二〇〇四年一二月号）

都内の銭湯は「煙害」野放し

私は大の銭湯ファンです。自宅には数年前から二四時間風呂を設置し、ほとんど毎朝と寝る前に入っていますが、広くそして手足を十分伸ばせる（短い手足ですが）銭湯が大好きで、週に一、二度は通っています。

ところで、都内の多くの銭湯が、脱衣所にもロビーにも灰皿を置いていて、自由にタバコが吸えることとなっているのは問題です。

風呂上がりに、タバコの煙と臭いを浴びせられるのはまったく不愉快・不健康であり、しかも入浴施設では、健康増進に効果的なマイナスイオンが煙害で減少するという実験結果が、公衆浴場組合の発行する機関紙にも掲載されていたことを覚えています。

昨年五月、健康増進法が施行され、受動喫煙被害の防止が謳われました。しかし、職場、ホテル、飲食店、交通機関、タクシーなど「禁煙」、「完全分煙」が実施されていない場所も目立ちますが、銭湯における〝タバコ汚染〟も大きな問題です。

空気のきれいな銭湯「江戸遊」

私が住んでいる世田谷区や、事務所の近くの新宿区、ときどき野球をした後や、審判を務めた後に利用する練馬区、中野区などの銭湯や各区の区長・保健所長に、この問題で再三申し入れを行ってきましたが、脱衣所とロビーの禁煙（無煙）化には、皆消極的で、納得できる回答をもらったことがありませんでした。

ところが、今年二月、千代田区淡路町に「江戸遊」という銭湯が新たにオープンしました。千代田区の施設があった場所に、一階～四階が銭湯の施設、五階以上は区の住宅となっている、いわばゲタ履きビルで、実際のお風呂はその三階にあります。

この「江戸遊」が完全分煙の銭湯で、脱衣所、ロビーとも灰皿をすべて追放し、二階ロビーに独立した「喫煙所」を設け、そこ以外はまったく無煙環境となっています。飯田橋の事務所から自転車で五分という便利な距離でもあり、半年の間に六〇回以上も通ってしまいました。これまで行っていた新宿や、地元世田谷の銭湯にはほとんど行かなくなってしまったのですが、「煙害付き銭湯」にはもう行きたくありません。

タバコ公害の発生源はスモーカーです。しかし、これまで多くの世論調査、意識調査などで、七割以上の喫煙者が「やめたい」、「減らしたい」と答えていることを考えると、灰皿を用意してタバコを吸っていただくことを「サービス」と勘違いしている銭湯の経営者に発想の転換を求めたいし、行政も真に受動喫煙被害を防止するよう強力な指導を徹底すべき時代ではないでしょうか。

資料④　運転中の喫煙者にも「罰則」を

（「禁煙通信」、『がんを治す完全ガイド』二〇〇五年三月号）

昨年一一月から施行された「改正道路交通法」によって、運転中の携帯電話使用による摘発者（反則金五〇〇〇〜七〇〇〇円）が、全国で二万人以上となったことが警察庁のまとめで判明しました。

実は、この「法律」の施行を検討している段階で、警察庁から意見を求める呼びかけ（パブリック・コメントの募集）があり、私は「運転中の危険度は携帯電話ももちろんだが、喫煙も危険な行為なのでこれも加えるべきである」として次のような申し入れを行っていました。

①タバコをケースから出し、タバコに火をつけるのは非常に危険な行為。②タバコの煙が視野を狭くしたり、血管を収縮させて注意力が散漫になる。③灰皿に灰を落とす際に、前方から目をそらす。④片手運転による事故発生のリスク。⑤中枢神経に対するニコチンの作用で脳の働きが鈍くなる。⑥窓を開けて灰を飛ばしたり、吸殻を捨てたりすることに

より、歩行者の火傷や火災発生の危険が高まる。⑦同乗者への受動喫煙強要のリスク。

自動車の運転には細心の注意が必要であるとして、自動車教習所でも、運転免許試験場でも、免許取得に際していろいろなことを教えていますが、残念ながら「タバコ」については、まったくと言ってよいほど何も触れていないのが現実です。

携帯電話でもう一つの問題は「ハンズ・フリー」が認められていることです。

最近、耳にかけて話ができる器具がずいぶん売れているようですが、両手でハンドルを握っているから安全とでも言うのでしょうか。私は、たとえば金銭的な話とか、男女関係のもつれとか込み入った話になれば、相当神経が過敏となり、注意力もそがれてしまって、運転するうえで危険な状態が生まれてしまうのではないかと危惧します。それに輪をかけて、タバコを吸いながら……となると、危険度は何倍にも高まってしまうのではないでしょうか。

だいぶ前、警察庁のスローガンに「注意一秒、怪我一生」というのがありました。ほんの一瞬横見をしたり、ほかのことに気をとられ、それが大事故につながることを指摘した説得力のある標語ですが、携帯電話もタバコもこれに抵触する行為と思います。

今後、携帯電話については「法律」によってこれに違反するケースは大幅に改善されていくはずですが、「運転中の喫煙」についてこれを放置しているのは問題と考えます。

警察庁は、早急に「運転中のタバコ」についても罰則を設け、安全運転を守るよう道路交通法に加えるべきではないでしょうか。

資料⑤　なぜ増えぬ「禁煙タクシー」

（「禁煙通信」、『がんを治す完全ガイド』二〇〇四年八月号）

新幹線「こだま」号の自由席にたった一両、初めて禁煙車が導入されたのが、一九七六（昭和五一）年で、大きな話題となりました。現在、JRの新幹線・特急などすべての列車で七割以上が禁煙車、私鉄もほとんど禁煙、長距離バス・観光バスも禁煙となり、航空機も国内・国際線とも全面禁煙となって、交通機関の禁煙はもはや常識となっています。ところが唯一タクシーだけは、タバコ野放しの状況が続いています。現在、約二六万台のタクシーの中で、禁煙タクシーはわずか三〇〇〇台以下と、情けない状況です。

「世界禁煙デー」の五月三一日、NHK「ニュース10」で、「タクシー車内のタバコ汚染」が報道されました。禁煙タクシー運転者の安井幸一氏が、粉塵計を胸から下げて、後ろの席で吸われた場合、どの程度車内が汚染されるかの実験台となっている画面でした。

この日の実験で、車内の浮遊粉塵の濃度は、基準の二〇倍という恐ろしい数値でした。狭いタクシー車内で、たった一本のタバコでもその汚染度は、ニコチン、タール、一酸化炭素などの有害物質が、主流煙よりも、立ち上るタバコの先からの煙＝副流煙のほうが数倍から数十倍という数値が出ていることを考えますと、タクシー運転者の健康被害は、私たちの想像をはるかに超えているはずです。現に、肺がんの死亡者は一般人の二倍という報告もありました。

安井氏は、単に自分自身の問題だけでなく、多くのタクシー運転者と利用者のために、法人タクシー運転者の平田信夫氏と相談して、タクシーの禁煙化を求めて国土交通省に対し、強い働きかけを続けてきました。私も数年前、東京乗用旅客自動車協会（東旅協）が募集したモニターに採用され、一年間、会合の度に「禁煙」を強く訴えました。

ところが、東旅協の会長は大和交通の新倉尚文氏で、相当なヘビースモーカーでした。私は会議のなかで、「受動喫煙に悩む運転者と、タバコ臭い車内の空気環境を何とかしてほしいという利用者の切実な願いなのだ」と口を酸っぱくして追及しましたが、ついに聞く耳を持ちませんでした。

先進国のタクシーで、タバコ野放しの国はほとんどありません。「きれいな空気環境が最大のサービス」ということと、「喫煙者の七割以上が禁煙願望あり」という事実に目を向け、日本のタクシー業界も、「発想の転換」を行うべき時期に来ています。安井、平田両氏は、近く国土交通省を相手取って、タクシーの全面禁煙を求めて提訴する方針を固めています。私も利用者の立場から、この訴訟に加わる決意です。

資料⑥　「禁煙タクシー訴訟」実質勝訴で幕

（「禁煙通信」、『がんを治す完全ガイド』二〇〇六年三月号）

確定した「判決」

二〇〇五年一二月二〇日、タクシー運転者・安井幸一、平田信夫、大畠英樹の三氏と二三人の利用者、計二六名が「損害賠償とタクシー車内の全面禁煙」を求めた裁判の判決が東京地裁で下されました。テレビ、新聞もこれを好意的に報道してくれましたので、本誌読者の皆様も記憶に残しておられることと存じます。そこで今回は、マスコミが報じなかった点を少し紹介させていただきます。

まず、国への〝損害賠償請求〟は「棄却」されましたが、柴田寛之裁判長は「タクシー事業者は乗務員を受動喫煙から守る安全配慮義務がある」とし、「全面禁煙が望ましい」とはっきり述べてくれました。

原告団長・安井氏らと大野裕弁護士は、この日の記者会見の中で「実質勝訴」と判断し、控訴しない方針を示し、判決が確定しました。

たった二％の「禁煙タクシー」

現在日本では、約二七万台のタクシーが走っていますが、禁煙タクシーはわずか五二〇〇台しか導入されておらず、全体で約二％という情けない状況です。

国土交通省、タクシー会社の経営者、個人タクシー組合の幹部などは「乗客にタバコを吸っていただくのがサービス」という間違った考え方で、なんと九八％のタクシーは、タバコの臭いが染みついているのです。

受動喫煙の被害にさらされている運転者と、タクシー車内の残留するタバコの煙と悪臭を受けたくない利用者は、まったく無視されているのが実態です。

「受動喫煙」の有害性については、すでに一九七〇年代にＷＨＯ（世界保健機関）でその危険性が指摘され、加盟各国に何回も勧告や決議が出されています。

また、一九七〇年代半ば以降、米公衆衛生総監報告書でも、受動喫煙の被害が強く指摘され、日本でも、浅野牧茂博士（当時国立公衆衛生院生理衛生学部長）が厚生省（当時）の求めに応じてそれを翻訳しており、政府も問題点の存在を十分認識していたことは間違いありません。

中田ゆり氏の「粉塵調査」

今回の訴訟の過程で、東大医学系研究科の中田ゆり氏が粉塵計を持ってタクシーに乗車し、受動喫煙の被害を身をもって体験。喫煙本数によって粉塵濃度が環境基準を大幅に上回ることを確認。これも準備書面として裁判所に提出し、今回の判決に生かされました。

公共交通機関、職場、スポーツ施設などのタバコ規制対策が進んでいるなかで、最後に取り残されているのが「タクシー」です（飲食店と銭湯も、まだまだ時間がかかりそうですが……）。

私は、今回の「判決」を国もタクシー事業者も真剣に受け止め、運転者と利用者の安全・健康・生命を守るために、早急にタクシーの全面無煙化を図るべきと強く要請します。

この際、国もマスコミも「アスベスト問題」より深刻な「タバコ」について、抜本的な対策を講ずるべきではないでしょうか。

資料⑦　病院は「禁煙タクシー」のみ乗り入れ許可を！

（「タバコを考える」、『じぇろ』二〇〇七年五月号 vol.13）

「敷地内禁煙」の病院が全国的にも広がってきました。しかし、「禁煙タクシー」のみ乗り入れを認めている病院は、札幌社会保険総合病院、仙台社会保険中央病院、虎の門病院（東京・港区）などほんの少数です。タクシー車内のタバコによる粉じん濃度は、たった一人の乗客の喫煙で厚労省基準の一二倍にもなってしまいますが、禁煙タクシーは、全国のタクシー総数二七万余台のうち八四〇〇台でわずか三％という状況です。

二〇〇七年五月から、名古屋のタクシーが全面禁煙となりますが、このような都市が増えることが「タバコ公害」の解決策にも大きく寄与することは明らかです。

昨年、『週刊ポスト』誌が「受動喫煙は子どもの肺がん率を低下させる！」というとんでもない記事を掲載した際、日本禁煙学会（作田学理事長）が、渋谷区広尾の日赤医療センターで抗議の記者会見を開きました。その日赤で、客待ちをしていたタクシードライバーが、車の外でタバコを吸っていました。すると、玄関から制服を着た係員が飛んできて、タバコの火を直ちに消すよう迫りました。運転手は相当反抗的態度でしたが、タバコを前輪のタイヤでもみ消して車の中に入りました。係員は、このようなドライバーがまだかなり存在すると言っていました。

タクシードライバーの喫煙率の高さは、「禁煙タクシー」拡大のブレーキとなるのではないかと思います。

「敷地内禁煙」を実施している虎の門病院を訪ねました。すぐ隣は、ＪＴ本社の大きなビルでしたが、「客待ちタクシーの敷地内入場は『禁煙タクシー』のみ許可致します」という大きなボードがありました。〝煙害タクシー〟の乗り入れを禁止している虎の門病院の英断に、心から拍手を送りたいと思います。

国（厚生労働省）は、もっと積極的に全国の病院の全面禁煙化を図ると同時に、国土交通省とも連携し、狭い密室の職場で働く運転者と非喫煙利用者、さらには「やめたい」と悩んでいる多くの喫煙者のためにも、「タクシー全面禁煙」に向けて業界を指導すべきです。それが時代の流れであり、世界の趨勢ではないでしょうか。

資料⑧　全タクシー禁煙化に向けて

（「タバコを考える」、『じぇろ』二〇〇七年九月号 vol.14）

本誌第一三号で「禁煙タクシー」を取り上げ、禁煙タクシーは、法人・個人合わせてわずか八四〇〇台で、たった三％しかないことを紹介いたしました。

しかし五月一日、名古屋市のタクシー八〇〇〇台が全面禁煙で走行を開始、それ以降、長野、神奈川、静岡と各地に広がり、一一月からは千葉、愛知、岐阜が加わり、禁煙タクシーの総数は五万八〇〇〇台を超え、二一・六％となりました。

さらに、首都東京のタクシーも二〇〇八年一月七日からの禁煙を決定。また、四月から五月にかけて、いくつかの県・市も禁煙を確定し、それらをすべて集計しますと、来春には、全タクシーの五〇％以上が禁煙になることが明らかになっています。

私が代表を務めている「タバコ問題首都圏協議会」では、毎年暮れに「望年会」を開いていますが、昨年の集いで、「タバコ問題夢ニュース」を募りました。その中で、大森交通の郭成子社長は、タクシー全面禁煙の実現を、「あと二〇年」と回答されましたが、私は「五年以内」と答えました。しかし、このペースですと、全タクシーの禁煙化は、あと二年以内には実現するのではないかと思います。

情けないのが国の対応です。厚生労働省も、国土交通省も傍観しており、専ら業界任せで、なんら具体的な対策、方針を打ち出そうとはしておりません。

一〇月一七日~二〇日まで、私は台北で行われた「第八回アジア太平洋タバコ対策会議」に参加してきましたが、台湾のタクシーはすべて禁煙で、車内で喫煙すると運転者も乗客も罰金が科せられる仕組みになっていました。

また台湾では、タクシー会社と医療機関が協力してニコチンガムを使っての運転手さんの「禁煙クリニック」を計画し、一日に八〇本も吸っていたドライバーが禁煙に成功して表彰されるなど、話題を呼んでいました。

今後日本でも、運転者の喫煙が大きな課題です。「禁煙タクシー」を契機に、運転者自身の健康と安全、そして経済的にもタバコとの「絶煙」を心からお勧めしたいと思います。

第8章

タバコと企業

「たばこ事業法」の存在が最重要課題

タバコは本当に「民営化」したのか

明治時代の半ばまで、タバコは〝民営〟で、千葉商店や村井兄弟商会などがハイカラな紙巻タバコの生産、販売を行っていました。日本政府は、一八七五年からタバコに課税していましたが、日清戦争後の財政建て直しの必要から、一八九六年に「葉煙草専売法」を作って、原料である葉タバコの供給を国が独占、さらに一九〇四年には「煙草専売法」を制定してタバコの製造から販売まで、すべてを国が独占するに至りました。

第二次大戦後の一九四九年には、それまで大蔵省専売局が行っていたタバコ事業を、日本専売公社が行うこととなりました。タバコ事業が民営化したのは中曽根内閣時代、一九八四年に「たばこ事業法」が制定され、翌一九八五年四月一日から、日本たばこ産業株式会社（JT）が発足しました。

タバコ事業が「民営化された」と言っても、一九九三年まで、JT株は一〇〇%政府（大蔵大臣名義）が保有していました。その後、JTの株式の一部が市場に放出され、一九九三年から二〇〇三年までの政府の株保有率は六六・七%、その後また比率を下げて五〇・二%となり、二〇一三年以降は三三・三五%となっています。

したがって〝民営化された〟と言っても、政府による支配はずっと続いており、基本的な構造は変わっておりません。

「たばこ事業法」の主な内容

①原料用の葉タバコはJTによる全量の買い入れが定められており、これはタバコ耕作者の保護が目的の一つである。
②JT以外の者はタバコを製造してはならない。
③JTは、販売価格の上限について財務大臣の認可を受けなければならない。
④卸売業者は財務大臣に登録し、小売販売業も許可を受けなければならない。
⑤小売定価の決定は財務大臣の許可を受けなければならず、小売業者は許可された小売定価でタバコを販売しなければならない。

⑥ＪＴまたは輸入タバコの販売業者は、タバコの箱に「健康との関係に関して注意を促すための表示」をしなければならない。

また、「タバコの広告を行うものは、その広告が過度にわたることがないように努めなければならない」という規定もあり、財務大臣は広告についての指針を示すことができます。これについて、ＪＴや外国のタバコメーカーなど二三社で構成している日本たばこ協会は「自主基準」を作って、テレビ広告の時間帯や放送量を制限してきました。

「たばこ事業法」の目的と問題点

たばこ事業法の第一条には、次のように書かれています。

「我が国たばこ産業の健全な発展を図り、もって財政収入の安定的確保及び国民経済の健全な発展に資することを目的とする」。――要するに、タバコ税による財政収入を確保することがこの法律の目的であるというのです。国民の健康を犠牲にして国が金儲けをはかろうという、世界に類のない驚くべき法律と言わざるを得ません。

この法律の問題点と今後求められることとして、次の六点を挙げたいと思います。

①この法律は、国民の健康な生活を営む権利を定めた憲法第二五条に違反している。

②タバコ事業の監督と喫煙規制の両方を財務省が所轄するのは妥当ではない。
③JTを文字通り完全に〝民営化〟して、政府保有の株式は全部手放すべきである。
④世界農業機構（FAO）とWHOでは、タバコ耕作者の転業・転作を勧告しており、政府が長期的な視点をもって葉タバコ農家の転業対策を講ずべきである。
⑤タバコの税金を、もっと高くすべきである。
⑥タバコの警告表示を強化すべきである。

タバコの監督官庁は厚生労働省に

タバコ事業の監督官庁が、財務省となっているのが最大の問題です。海外の多くの国では、公衆衛生部門が酒・タバコの監督官庁となっており、日本だけが財務省ということは大きな問題です。

同時に、日本たばこ産業株式会社（JT）の株式は、半永久的に政府（財務省）が三〇%以上保有することが法律によって定められており、これも日本だけの特徴となっています。世界的に、タバコ会社は「公害企業」「犯罪企業」さらには「現代の死の商人」とされて、厳しい追及がなされています。国がそうした会社の株を三〇%以上も保有し続けることは、完全に世界の流れに逆行する施策ではないでしょうか。

時代にそぐわない法律、たとえば「らい予防法」は一九九六年に撤廃されました。日本政府は、一刻も早く「たばこ事業法」を廃止し、ＪＴの株を手放し、タバコの監督官庁を厚生労働省に移管し、そして抜本的なタバコ規制対策を実施するべきです。

第８章資料解題

先に触れた通り、政府は一九九三年まで日本たばこ産業の株を一〇〇％保有していました。資料の一点目は、その時代、一九八三年のタバコＣＭを批判したものです。

ＪＴが広告宣伝費を公開していたのは二〇一一年までで、当時で年間二〇八億円でした。二〇一六年七月号の『選択』には「ＪＴと電通が露骨な『報道操作』」と題して、ある広告代理店関係者による、「このご時世にＪＴは定価で広告を入れてくれる」「定価で入るのは不祥事の黒枠謝罪広告と選挙広告ぐらいだから、ＪＴはありがたいクライアントだ」といった証言も掲載されています。

同記事ではほかに、「世界禁煙デー」にあたる五月三一日夜、朝刊の早版ゲラを手にした主要各紙の広告担当者が電通の担当者に「反タバコの記事が載っているか否か」を報告し、そこからさらにＪＴの幹部が報告を受けるという新聞広告関係者の証言も紹介されています。

　こうした国とＪＴ、メディアの関係について、タバコという「商品」の消費者と想定されている市民の側もいっそう追及すべきとした寄稿文も、本章の資料として収録しました。

資料① 専売公社を糾弾する

（「嫌煙権だより」一九八三年六月二〇日発行）

ツッパリ俳優の藤竜也が、この四月一日から発売の新しいタバコ「キャスター」を宣伝している。専売公社が考えに考えた上での起用だろうが、それにしてもこのコピーはひどい。

「オレ、この味、好きだよ」というものだが、プロ野球開幕第二戦の巨人・大洋戦のテレビ実況のCMを見てアゼンとした。藤が、まず一〇秒くらいナワ飛びをして一汗かいたという想定でやおらタバコをとり出し、深々と煙を吸いこんで吐き出しながら、「うん、オレ、この味、好きだよ」と、思い入れたっぷりにうなずきながら、さもうまそうな表情を見せる。

あまり知られていないのが残念だが、欧米先進国でタバコのテレビCMを流している国は一か国もない。それどころか、ノルウェーやオーストラリア、ソ連ではすべての広告が禁止されている。

それに対して日本のこのあり様。今回のタチの悪さは、専売公社が野球番組のスポンサーとなって、このCMを流していることだ。日曜日の午後、多くの青少年がスター選手の一挙手一投足をかたずをのんで見ているはずだ。そこに流れるこのCM。小・中学生、高校生が、このツッパリ俳優のさもうまそうに深々と吸い込む画面を見て、きっとマネをしたがるに違いない。

「キャビン」の起用タレント三浦友和も大いに問題があるのだが、このCMは、三浦には一言もしゃべらせてなく、コピーも「オレの赤」という抽象的なものだった。しかし、野坂昭如から三浦に変えたことにより、ターゲットを若者に定めたことは歴然であった。

今回のCMがより一層若い女性や青少年に焦点をしぼったことは明確である。若年喫煙者を増やさんと、なりふりかまわぬ専売公社の広告宣伝の強化にいったい政治家は、教育関係者は、医師は手をこまねいて黙認するつもりなのか。

がん対策の強化を決めた中曽根内閣は、専売公社の〝犯罪行為〟をこのまま見過ごすつもりなのか。

日本政府の、そして日本社会の常識、良識が問われている。

資料②　「タバコ病訴訟」の不可解な判決

（「禁煙通信」、『がんを治す完全ガイド』二〇〇四年三月号）

昨年（二〇〇三年）一〇月二一日、肺がんなどのタバコ被害者七人が原告となって、JTと国を訴えていた「タバコ病訴訟」で、東京地裁（浅香紀久雄裁判長＝何と喫煙者）は原告側敗訴の判決を下しました。この裁判は、元喫煙者がJTのタバコ製造責任、国の監督責任などを訴えた日本で初の訴訟でした。

今回の判決は、次のように述べています。

①喫煙が肺がんその他の病気にかかるリスクを高めることは社会の常識。②JT（専売公社）自身、一九七二年以降、タバコの外箱に健康への危険性について適切な警告を表示している。③原告らは、危険性を十分に知りながら喫煙を選択。その結果病気になったとしてもJTに責任を負わせることはできない。④ニコチンには依存性があるが、その程度は弱い。⑤喫煙によって原告らの病気の罹患率が高まることが疫学的に証明されているとしても、肺がんなどの原因となる他の要因の不存在を立証していないから、原告らの病気

は喫煙によるものといえない――などとなっています。

タバコのような有害商品は、仮に危険性を表示し、警告したとしても製造者の責任は免れないと思いますが、その問題は別としても現在JTがタバコの外箱に印刷している曖昧な表示が到底「警告表示」などといえるものではないことは、世界の常識となっています。

喫煙が肺がんなどの原因となるという事実が明らかになってきたのは比較的最近のことであり、原告らが喫煙を開始した時代には、タバコを吸うのは当たり前のことでした。また喫煙の害が社会的常識になったとしても、それはJT自身が消費者に知らせたものではなく、市民運動やマスコミの提供した情報に「ただ乗り」してきたのであり、責任を免れることは許されません。

判決は、ニコチンの依存性はヘロインなどに比べると弱く、禁煙は本人の意思で容易にできるといっていますが、これは、今日の医学・科学情報にも明らかに反しています。喫煙者の七割が「止められれば止めたい」と考えていながら、なぜ吸い続けているのでしょうか。多数の人に「ニコチン依存」が認められる以上、原告らは、ニコチンによって、自由な意思決定が妨げられたというべきです。

上記のほかにも、この判決のおかしい点はたくさんありますが、これは単に裁判官の不勉強や常識のなさによるものではありません。

二〇〇〇年時点の推計で毎年一一万人の日本人が喫煙により死亡しているにもかかわらず、抜本的な法律をつくらない国会、たばこ規制枠組条約を骨抜きにしようとする財務省とこれに異を唱えない厚生労働省、そして、なりふりかまわずこの国策に協力する裁判所、という三位一体の構図が頭に浮かんできます。

資料③　「タバコ広告」について考える

（「禁煙通信」、『がんを治す完全ガイド』二〇〇四年四月号）

財務省の諮問機関である財政制度審議会が、電車やバスの車内、駅の構内、街頭の看板などから、タバコの広告について規制する方針を打ち出しました。一〇月以降、順次実施されることとなっています。

タバコ広告について、日本は最も規制対策の遅れた国でした。たとえばテレビ、ラジオからタバコＣＭが禁止されたのが、九八年四月からで、これは他の国々と比べて、二〇年以上も遅れていたのです。

最も早く電波でのタバコＣＭを禁止したのは英国で、六五年でした。その後、アメリカが七一年、ノルウェーが七五年など、欧米先進国は七〇年代半ばまでに、「法律」でテレビ・ラジオのタバコＣＭを禁止しました。カナダでは、政府とタバコ会社、テレビ局が話し合って、七二年からＣＭがなくなりました。その後、八九年からはすべてのタバコ広告、イベントのスポンサーも禁止されました。

八七年、東京で開かれた「第六回喫煙と健康世界会議」では、タバコCMについて「すべての国において、あらゆる媒体の一切の広告、催物の後援、その他いかなる形態の販売促進活動も禁止されるべきである。本会議は、全面的禁止に向けての第一段階として、政府がテレビによるタバコ広告を禁止するように促す」という特別決議が採択されました。この会議から一一年も経って、ようやく電波媒体のタバコCMが禁止されましたが、これはタバコ業界の「自主規制」であり、政府はこの勧告に〝頬かむり〟を決め込んでいたのです。

台湾や韓国、タイ、香港などアジアの国々でも九〇年代前半までには、厳しい広告規制を実施していました。

今回、財務省の財政制度審議会が、厳しい姿勢を示した背景には昨年五月、WHO総会で「たばこ規制枠組条約」が採択されたことがあります。ただ財務省では「法的規制」は困難と判断し、業界の〝自主規制〟で対応する方針を決めています。

タバコの広告は、具体的に次のような効果を狙っています。

①吸ったことのない人に吸わせるようにする。②タバコをやめようという決心を鈍らせたり遅らせたりする。③喫煙者にブランドを変えるように呼びかける。④タバコの消費量

を増やすように勧める。

日米のタバコ会社が盛んに広告を行うということは、新しい買い手を開発することが狙いであり、それはとりもなおさず未成年者や若い女性がターゲットであることは明白です。

今回、ようやく日本で電車の中吊りや駅・街頭のタバコ広告がなくなることは、禁煙運動にとって大きな成果ですが、まだテレビ番組のマナーCMやJTの企業CMが規制されない様子です。

とにかくすべての「タバコ広告・イベント」を禁止するのが、たばこ規制枠組条約の目的ですから、曖昧な日本の「自主規制」について、きちんと監視の目を光らせていく必要があります。

資料④　消費者運動とタバコを考える

（「禁煙通信」、『がんを治す完全ガイド』二〇〇四年七月号）

一九八八年からスタートしたWHOの提唱する「世界禁煙デー」（五月三一日）が、第一七回目を迎えます。今年のテーマは「タバコと貧困、この悪循環」というもので、発展途上国や東欧諸国（旧共産圏国家）が、多国籍タバコ産業の拡販政策の犠牲となっている現実にブレーキをかけようと、このスローガンを提唱しています。

さて、日本ではまだ「タバコは個人の趣味・嗜好」という考え方が強く「公衆衛生上の問題」という視点がきわめて薄いのが現状ですが、それでもここ数年、禁煙・分煙はかなり定着してきました。

しかし、タバコ広告や自動販売機、F1レースなど各種イベントの規制は、諸外国と比べると大幅に遅れており、その最大の原因は財務省の関与と、タバコ産業の健全な発展を謳った「たばこ事業法」の存在です。この法律を一日も早く廃止しない限り「タバコ」によって死亡する年間約一〇万人以上もの喫煙者は救われません。

次いで「禁煙教育」の徹底も重要課題です。WHOでは、家庭教育、学校教育、社会教育すべての場面で「タバコ問題の正しい情報の提供」を強く訴えています。

また、ほかの先進国と比べてタバコの価格が安すぎるので、値上げが重要な課題ですが、タバコの税収と消費量の削減を恐れる日本政府はこの問題にきわめて消極的です。

さて私は、日本の禁煙運動がなかなか広がっていかない理由は、消費者運動が、タバコ問題に無関心であることが大きな原因と思っています。食品、飲料、家庭用品、家電製品など多くの「商品」に対し消費者運動は安全性や価格の問題を厳しく追及しますが、タバコはほとんど追及されていない商品であり、これが政府や自治体の甘い姿勢を許していると思うのです。

日ごろ「生き方を変えよう」「生命・健康を守ろう」と世の中を変える努力を行っている消費者運動は、有害商品タバコと対決してほしいものです。

米ラルフ・ネーダー氏やレスター・ブラウン氏は、タバコ産業を「現代の死の商人」と断定し、その企業責任を追及しています。

日本の消費者運動も、もっと真剣にJTや米タバコ会社、財務省、御用学者と戦ってほしいと思いますが、多くのリーダーが喫煙者ではその願いは実現するはずがありません。

一般の市民に対し「生き方を変えよう」と呼びかけるなら、まずリーダー自身が悪習慣と手を切ったうえで……と思うのですが、無理な願いなのでしょうか。

第9章
タバコと法

「たばこ規制枠組条約」と「健康増進法」

健康増進法と国会の灰皿

二〇〇三年五月一日、健康増進法が施行されました。これによって公共交通機関やオフィスなど様々な場所で禁煙や分煙の取り組みが広がっていきました。受動喫煙防止の努力義務が課されたことから、病院、学校、自治体、企業、交通機関、劇場、野球場などのタバコ規制対策はかなり進んだといえます。

しかし、店舗や施設によって対策はまちまちで、受動喫煙にさらされる機会が依然としてある状況でした。たとえば、まさにこの法律がつくられた場所である国会はどうなっていたでしょうか。テレビの画面、新聞の写真でしばしば国会の中で開かれている会議の模様が報道されていましたが、その都度気になったのが、机の上に並んでいる灰皿やスタンド灰皿の映像でした。カメラを意識してか、吸っている議員はほとんど見かけませんが、カメラマンがいなくなると吸い出していたのかもしれません。国民の健康・生命を守る「法律」をつくったのですから、各政党、国会議員は真剣に「国会内全面禁煙」に取り組んで、非喫煙議員や政府委員、国会職員への受動喫煙の被害をなくしていくのが義務であるはずです。

二〇〇五年二月にはたばこ規制枠組条約が発効し、国は責任を持って「タバコ消費の削減」を中心テーマに、具体的な対策を実施しなければならなくなりました。「タバコ問題」の根本的解決のためには、政府と国会の取り組み如何が、健康・財政・環境問題の大きな鍵を握っています。具体的には、徹底したタバコ規制の推進、タバコの増税、自動販売機の禁止、タバコ広告の禁止、ＪＴのスポンサーシップの規制、禁煙希望者に対する適切なアプローチなどが重要な課題です。

タバコ臭かった横浜地裁の五階フロア

同様に、裁判所の中にある「喫煙所」についても、健康増進法施行以降もなかなか完全撤去とはなりませんでした。私はこれまで、数多くのタバコ関連訴訟で、東京地裁、横浜地裁に足を運んできました。かつて、横浜地裁の五階フロアにある「喫煙所」について、横浜地裁の所長あてに送った手紙の要旨を紹介させていただきます。

「私はこれまで貴裁判所の五階法廷で行われた口頭弁論を何回か傍聴しましたが、フロア全体に〝タバコの臭い〟が漂っていて、化学物質過敏症の方々は、このフロアに足を運ぶことができず、傍聴する機会を奪われていることを貴裁判所は理解されているでしょうか。タバコの臭いのあるところには、数多くの化学物質が存在しており、またPM2・5（微小粒子状物質）が空気汚染の原因となっていることも、産業医大・大和浩教授の追及で判明しております。

タバコの煙の中には七〇〇〇種類もの化学物質が含まれており、その中で確認されている発がん物質・発がん促進物質が七〇種類にのぼることも、世界の多くの国々で証明されており、喫煙・受動喫煙の害を防ぐ大きな目的として「全面禁煙」が実施されています。受動喫煙は、非喫煙者に深刻な健康被害を及ぼします。これが、厚生労働省の「健康増進法」施行のきっかけとなり、二〇〇三年五月以降、多くの公共の場所、交通機関、劇場、競技場等のタバコ規制は、この法律の実施以後、大幅に進んで参りました。

裁判所・裁判官は「法の番人」とも言われており「法律」を順守することは当然の義務である、と考えておりますが、この考えは間違っているのでしょうか。

実は、これまで行われた多くの世論調査・意識調査・アンケートなどによれば、喫煙者の七割以上は内心「やめられればやめたい」と思っていることが明らかとなっております。厳しい喫煙規制対策は、タバコの煙に悩んでいる多くの非喫煙者を救い、時に「やめたい」と悩んでいる喫煙者を救うことにもなるのです。灰皿や喫煙所を設けていることは、時代の流れ、世界の趨勢にまったく逆行する行為です。どうか、貴裁判所でも、口頭弁論に参加する原告、被告、そして傍聴者のための健康・生命を重視して五階の「喫煙所」を、早急に撤去して下さるよう、発想の転換をお願いします」。

たばこ規制枠組条約

たばこ規制枠組条約が発効されたのは、二〇〇五年二月二七日でした。これは、WHO総会において加盟一九二か国によって採択された、公衆衛生部門では初の国際条約です。WHOでは一九七〇年代から喫煙が原因の健康被害について「予防可能な最大の疫病」と位置づけ、その規制策をたびたび勧告してきました。しかし、タバコの広告や警告表示、スポンサーシップ、価格などの諸問題について、国境を越えた問題解決のためには各国が共通した対策をとって対応することが必要であるとして、この条約作成となったのです。

ブルントラント事務局長の熱意

この条約策定に最も力を注いだのが、元ノルウェー首相の、グロ・ハルレム・ブルントラント事務局長でした。一九九八年、中島宏事務局長からバトンを引き継いだブルントラント氏は、小児科医出身ということもあり、特に子どもたちをタバコの害から守るために情熱を注ぎました。同氏は、タバコ問題の国際会議には必ず出席、世界規模での規制対策を強化しなければ、二〇二〇年には一〇〇〇万人がタバコの犠牲になると訴え続けました。

悪の枢軸国、米・独・日

条約の採択には根強い抵抗がありました。米・独・日の三か国によるものです。アメリカは、世界最大のタバコ会社であるフィリップモリス社を抱え、ドイツも日本も、政府は喫煙規制について非常に消極的な姿勢をとり続けていました。

結局WHOの事務レベルでは、すべての広告の即時禁止や厳しい警告表示、自動販売機の禁止、マイルドやライトなど、タバコの害を曖昧にする表現の禁止などについて、各国の実情に合わせて「段階的規制」ということで妥協を余儀なくされ、多くのNGO関係者から、この三か国は「悪の枢軸国」として厳しく追及されたのです（ドイツはその後、熱心な国会議員と医学団体の連携などによって、現在ではかなり厳しいタバコ規制対策が実施されています）。

たばこ規制枠組条約の概要

条約の最大の目標は「タバコ消費の削減」ということです。これに向けて以下のような条項が盛りこまれました。その要旨は以下の通りです。

①条約の目的＝喫煙と受動喫煙の壊滅的な影響から現在と将来の世代を保護すること。

②条約の必要性＝タバコの害は公衆の健康に深刻な影響を及ぼす問題で、国際的な対応が必要である／喫煙と受動喫煙による死亡や障害は明白である／青少年と若い女性の喫煙が世界的に増加しており、危険な状況となっている／喫煙を奨励する広告、スポンサーシップ、イベント等の悪影響が心配される／国際的なタバコ規制にはＮＧＯの参加が必要／タバコ規制を妨害するタバコ産業の活動を公表する必要がある。

③締約国の義務＝タバコの値上げ・増税が、年少者の喫煙減少に効果的であることを認識し、タバコの増税、値上げを行うこと。

④受動喫煙からの保護＝受動喫煙が死亡、疾病、障害を引き起こすことが明白である／屋内の職場、交通機関、その他の公共の場所の受動喫煙を防止すること。

⑤包装とラベル＝タバコの包装とラベルに、「ライト」「マイルド」などを用いて販売促進をさせない／警告は表示面の五〇％を占めるべきで、三〇％を下回ってはならない／写真や絵については、これらを含むものにできる。

⑥教育、啓蒙活動＝喫煙と受動喫煙の健康への危険を徹底する／タバコの生産と消費が、健康、経済、環境に及ぼす悪影響の情報取得機会を増やすこと。

⑦広告、販売促進の禁止＝すべてのタバコ広告、販売促進、スポンサーシップを五年以内に禁止すること。

⑧禁煙支援＝保健施設等におけるタバコ依存の診断、予防、治療のプログラム作成。

⑨未成年者への販売禁止＝未成年者へのタバコの販売を禁止するため、目につきやすい表示を行うこと／タバコの自動販売機が利用されないようにすること。

⑩締約国の責任＝タバコ規制のため、刑事上、民事上の責任に対応する新たな立法、または既存の法律の適用促進を図ること。

改正健康増進法

改正健康増進法は、二〇一八年七月に健康増進法の一部を改正し、二〇二〇年四月に全面施行したものです。「望まない受動喫煙をなくす」を理念に、受動喫煙に関する内容が改正されました。これによって、①屋内の原則禁煙、②喫煙室の設置、③喫煙室への標識の義務付け、④二〇歳未満の喫煙エリアへの立ち入り禁止の四点が盛り込まれることになりました。先に裁判所の喫煙所について触れましたが、現在ではすべての裁判所において、庁舎内及び敷地内において全面禁煙となりました。

新たな制度案は二〇一六年から議論され、当初は医療機関や学校の敷地内禁煙、官公庁やスタジアムの建物内禁煙、飲食店や事業所は建物内禁煙だが喫煙室の設置は容認するとされていました。しかし二〇一七年、自民党たばこ議員連盟（たばこ議連）や超党派の愛煙家議員連盟「もくもく会」がこの法案に猛反対。厚生労働省はやむなくスナックやバーなど延床面積三〇平方メートル以下の小規模飲食店を原則禁煙の例外とする修正案を出しましたが、結局この年は改正案の提出もままなりませんでした。

原則禁煙の除外範囲を、客先面積一〇〇平方メートル以下に拡大するなど、前回の案より大幅に規制緩和された法案が通ったのは二〇一八年のことでした。規制緩和によって、半分以上の飲食店は規制の対象外となりました。

この法改正の背景には、二〇二〇年に開催予定であった東京オリンピック・パラリンピックが大きく関わっています。国際オリンピック委員会（IOC）が「タバコのない五輪」を提唱していることもあり、対策を迫られたものと思われます。日本はWHOによる国ごとのタバコに関する政策評価において世界最低ランクに位置づけられていたので、この評価を上げる必要がありました。ただし、改正健康増進法によっても、日本のランクは最低から一段階しか上がらないことには注意が必要です。

第9章資料解題

二〇〇三年に健康増進法、その後二〇〇五年にたばこ規制枠組条約、そして二〇一八年に改正健康増進法がそれぞれ施行されたことを振り返りました。本章の資料ではまず、「たばこ規制枠組条約」第二回締約国会議での、参加国としての日本の消極的な態度をめぐる寄稿文二本を収録します。

そして資料③として、『禁煙ジャーナル』三〇〇号での記念寄稿を収録しました。健康増進法改正後に執筆したこの記事では、加熱式タバコにも触れています。加熱式タバコは二〇二二年一〇月に「たばこ税」が増税となりましたが、銘柄の拡充や専用機器の値下げなど各社の対策によって、近年においても販売数量を増やしています。

近年、タバコと法をめぐっては状況に大きな前進が見られました。しかし、タバコをめぐるこの国の根本的なシステムは変わっていません。先に述べたように、他のすべての国ではタバコの監督官庁が公衆衛生部門であるのに対し、日本は財務省の管轄です。そして財務省は、日本たばこ産業株式会社（ＪＴ）の株式を半永久的に保有することが定められています。これらを定めたたばこ事業法の速やかな廃止が求められています。

資料① 「受動喫煙対策」が焦点

（「タバコを考える」、『じぇろ』二〇〇七年九月号 vol.15）

ＷＨＯの「たばこ規制枠組条約」第二回締約国会議が、六月三〇日から七月六日までタイのバンコクで開かれ、一四二か国、二〇団体、約六〇〇人が参加して、今後の具体的なタバコ規制対策を話し合いました。

日本からは、外務省・厚生労働省・財務省の担当者一〇名が出席し、日本禁煙学会作田学理事長と私も参加し、日本政府の消極的な姿勢を目撃してきました。

ＷＨＯは、この会議のメインテーマとして、職場や公共の場で完全禁煙を採択するよう各国政府に呼びかけています。提案された基準は、「喫煙の被曝に安全量基準はない」ので「一〇〇％の完全禁煙環境」だけが健康を守り、「すべての人が喫煙の被曝から保護されなくてはならない」と述べています。

条約は、すべてのタバコ広告・スポンサーシップの禁止、タバコの箱に大きく、グラフィック入りの健康上の警告文掲載、非喫煙者の受動喫煙を防ぐ手段の実行、タバコ製品の値上げなどを含めて、タバコの利用を減らす科学的に実証された手段の履行を批准国に迫っています。

日本政府は、他の多くの国が「タバコ規制を本格的に進めたい」というスタンスで発言しているのに対し、外務省も、財務省も、何回か条約の足を引っ張る発言を行い、本当に肩身の狭い思いをしました。携帯電話とノートパソコンを手に、会議場とロビーを出たり入ったりしていたのが極めて印象的でした。たぶん、日本の上司の指示を仰いでいたのでしょう。

しかし、日本代表の消極的な姿勢は、他の締約国からはまったく問題にされず、「受動喫煙からの保護」や「広告・宣伝、スポンサーシップの禁止」などについて、ほぼ原案通りに採択されました。国際的なタバコ規制推進に拍車がかかることは間違いありません。

資料② 「たばこ規制対策基本法」の制定を

（「タバコを考える」、『じぇろ』二〇〇七年一一月号 vol.16）

タバコの規制をマナーの問題として法制化することに反対する見解があります。もちろんこれは、タバコ業界や禁煙運動に異を唱えている文化人などの「見解」ですが、これは、タバコの依存性が極めて弱く、人間の理性の元に管理できることが前提の考え方でしょう。日本は長年、それなりに公衆道徳については歴史的に確立されてきました。しかし、その日本において、タバコはいつでもどこでも吸い放題、ポイ捨ても当たり前でした。最近、タバコの害が幅広く社会的に認知されてきました。健康増進法の施行、たばこ規制枠組条約の発効、世界禁煙デーのイベント、さらに禁煙タクシーの増加など、これまでとは明らかに次元の異なる状況となって参りました。しかし、タバコ規制の流れは定着してきましたが、国際的な実態からみるとまだまだ遅れているのが現状です。

タバコ会社は、タバコ規制の条例化の動きがあれば、それを会社ぐるみでつぶすための世論操作までやっており、法的規制をまぬがれようとしてきました。

先の第二回締約国会議（前号参照）において、受動喫煙防止のガイドラインでは、「屋内禁煙法を制定する必要がある。この法制にブレーキをかけるタバコ産業の活動を監視し対応を行うことも含まれる」としています。ガイドラインで「法律を定めること、罰則をしっかり課すことが必要」と確認されたのですから、受動喫煙防止の実現に向けて、日本でも一日も早く法的整備・規制を実現することは、政府と国会に課せられた国際的責務です。

喫煙に起因する病気で亡くなる人命が日本で毎年一〇万人以上いること、受動喫煙で年間二万人以上も死亡することが、国会やマスコミで大きく問われてこなかったことは、きわめて遺憾であり、重大な問題です。

一日も早く憲法と国際法に沿った「たばこ規制対策基本法」を制定し、国と自治体、医学団体等の実効性のある取り組みが求められています。

資料③　多くの方々に支えられて

（『禁煙ジャーナル』二〇一八年五月号 No.300）

一九八九年四月「タバコと健康全国協議会」の機関紙として『タバコと健康』の発行に踏み切りました。財政的な裏付けも全くなく、思い切った決断だったと思います。

そのころの全国協議会の会長は、九州禁煙協会の川野正七氏で、平山雄博士や伊佐山芳郎弁護士、穂積忠夫弁護士、愛知県肺癌対策協会の通木俊一氏らといろいろ相談の上、創刊号の発行にこぎつけました。

一九九一年一月から、現在の『禁煙ジャーナル』に改題し、休刊することなく発行を続け、本号で通巻三〇〇号を迎えることができました。

この間、通木俊一、穂積忠夫、中田喜直、平間敬文、作田学、大橋勝英、斎藤麗子、板子文夫、田中潤の各氏をはじめ、全国各地の禁煙・嫌煙権運動に熱心に取り組んでこられた多くの方々のご支援とご協力を頂きました。心から感謝申し上げます。

また、一〇年以上前から「漫筆」を執筆願っております高信太郎氏、そして、毎号原稿のチェックやタイトル作成に深く関わってくださっている氷鉋健一郎氏にも厚く御礼申し上げます。皆様の温かいサポートなしには、小紙の発行継続は不可能だったと思います。

タバコ規制は進んできたが

本紙の発行当初の社会情勢と比べると、現在は劇的な変化を見せています。航空機、列車、バス、病院、学校、野球場、競技場、劇場、公共施設などの禁煙が当たり前となり、国、自治体、企業のタバコ規制もかなり進んできました。特に遅れていたタクシーも、現在では九〇%以上が全面禁煙で運行しています。

しかし、大幅に遅れているのが飲食店です。「健康増進法」の改正案は、当初厳しい規制方針が含まれていましたが、自民党たばこ族議員の圧力で、大幅に後退した内容となってしまい、メディアからも厳しい批判がなされています。

これからの運動をどう進めるか

タバコの煙に悩まされる機会は大幅に減ってきました。しかし、問題は山積しています。まず何といってもＪＴの「広告」と「スポンサーシップ」を禁止させなければなりません。JTは数年前から「分煙」を盛んに強調していますが、とにかくどんな内容であれ「タバコの広告は全面禁止」が世界の常識です。

国会の取り組みも遅れています。テレビ・新聞でもよく報道されますが、テーブルの上の灰皿やスタンド灰皿など、一向になくなっておりません。「国会敷地内全面禁煙」を目指すべきではないでしょうか。

加熱式タバコとの新たな闘い

「紙巻タバコ」のような煙や臭いが少ないことを謳った「加熱式タバコ」が急増中です。しかし多くの医師・専門家は「ニコチンや発がん性物質を含むことに変わりはない」と指摘しており、健康に及ぼす悪影響について警鐘を鳴らしています。

産業医大の大和浩教授は「加熱式タバコのエアロゾルの中にも、ニコチンなどの有害物質が含まれている」と強調。さらに、加熱式タバコの喫煙者が吐き出した息を特殊なレーザーで可視化した画像では「吐き出されたエアロゾルの一部は二～三メートル先まで拡散している。加熱式タバコでも周囲の人に受動喫煙被害を生じさせるリスクはある」と訴えています。

財務省の関与をなくせ

一九八五年に日本専売公社が日本たばこ産業株式会社に〝民営化〟されましたが、歴代三社長は大蔵省と国税庁の高級官僚でした。現在も会長は財務省の元次官・丹呉泰健氏です。

この年から施行されている法律が「たばこ事業法」で、その目的には「わが国たばこ産業の健全な発展を図り、もって財政収入の安定的確保に資する」と書かれています。このような法律を持っている国は他にはありません。

ＪＴ株の三三・三五％は麻生財務大臣の名義となっています。タバコ問題の国際会議では、以前からタバコ会社を「公害企業」さらには「現代の死の商人」と位置づけられてきましたが、「死の商人」と呼ばれる会社の株を三〇％以上も保有しており、監督官庁が財務省ということも大きな問題ではないでしょうか。

故平山雄博士はタバコの主務官庁を「厚生省に大政奉還せよ」と力説していました。

私は、三〇〇号の発行にあたり、平山先生の遺言を胸に、タバコ問題の抜本的な解決、さらには決意を新たにしております。

おわりに

「嫌煙権」、もしこの年（一九七八年）に〝流行語大賞〟があったとしたら、この言葉が第一位に選ばれたのは間違いないと思います。

ところで、私の好きな作家・評論家には、椎名誠、東海林さだお、藤原正彦、海原純子などの各氏がいます。この方々のコラム、エッセイなどをうまくまとめて一冊の単行本になったものも読んできましたが、新聞、雑誌、週刊誌などで一度目を通しているはずの文章でも、一冊の「本」になってから読むと、また別の感動を覚えるケースが、これまでたびたびありました。

私も、嫌煙権運動の発足から現在まで、数多くの新聞、雑誌、専門誌などに「コラム」「エッセイ」など雑文を書いており、今年、「嫌煙権運動」の四五周年を迎えた機会に、これが一冊の「本」にならないものか、と考えていました。

そこで頭に浮かんだのは、二〇〇三年にプロ野球の鳴り物応援を何とかなくしたいという思いで『よみがえれ球音』と題する本を刊行して頂いた花伝社でした。花伝社は伊佐山芳郎弁護士の『人生、挑戦』もまとめて下さっています。

同社の平田勝社長と大澤茉実氏に、この私の「願い」を伝えたところ、即断で刊行OKということになり、さっそくこれまでに書いた沢山のスクラップを、花伝社に持参しました。その後、大澤氏が膨大な資料・文章を丁寧に取捨選択・編集して下さって、今回の『日本の嫌煙権運動45年史』の刊行となった次第です。

「タバコ問題」については、二〇二四年春から、新幹線の東海、山陽、九州に残っていた「喫煙ルーム」が全廃になることが決定しており、これで、国内のすべての交通機関(航空機・列車・バス・タクシー・フェリー)が禁煙となりました。また、野球場・サッカー場・ラグビー場・国技館、映画館、劇場なども全面禁煙、公共施設、地方自治体なども現在は屋内原則禁煙となり、規制が進むにつれ、喫煙率も大幅に下がってきました。

問題は国会と国会議員です。現在、議員会館の中には八三か所もの「喫煙室」があり、また「たばこ議員連盟」には自民党議員の半数以上が加盟しており、日本のタバコ規制対策に大きなブレーキをかけ続けています。

中でも、一九八五年から施行されているたばこ事業法には「我が国たばこ産業の健全な発展を図り、財政収入の安定的確保を図る」と書かれており、この法律がある限り、タバコ問題の抜本的解決は道遠しと言わざるを得ません。

また、タバコの監督官庁が財務省であり、ＪＴの株式を三〇％以上も国が保有していることも大きな問題です。ＷＨＯの加盟国で国の税収部門がタバコの監督官庁などというのは日本だけです。故平山雄博士は、タバコの主務官庁を厚生労働省にすべしと力説しており、大蔵省（現財務省）に「大政奉還せよ」と迫っていました。

この本はまず「嫌煙権」の名づけ親、中田みどりさんに目を通して頂きたいと思います。

最後に、禁煙・嫌煙権運動を四五年間も続けてこられたのは、故人として平山雄、浅野牧茂、中田喜直、穂積忠夫、通木俊逸などの諸氏、そして現在もご活躍中の方々として作田学、平間敬文、牧野賢治、伊佐山芳郎、齋藤麗子、大和浩、板子文夫、笹川陽平、松沢成文、田中潤などの各氏と、全国各地の『禁煙ジャーナル』の愛読者の皆さまのおかげです。すべての方々に、この本を捧げたいと心から願っております。

二〇二三年冬

渡辺　文学

禁煙・嫌煙権運動&タバコ問題年表

年	月日	主要事項
1978年	2月18日	東京・四谷で「嫌煙権確立をめざす人びとの会」（以下「嫌煙権の会」）旗揚げ。この「嫌煙権」がキーワードとなって、わが国の「タバコ問題」が大きく問い直された。
	4月4日	伊佐山芳郎弁護士の呼びかけで「嫌煙権確立をめざす法律家の会」結成。
	4月9日	「全国禁煙・嫌煙運動連絡協議会」発足。11団体が参加。初代会長に日本禁煙協会・白石尚氏が就任。事務局長に渡辺文学。
	6月4日	「環境週間」に呼応して、銀座通りを日本初の「嫌煙権デモ」実施。
	6月22日	嫌煙権の会が日本専売公社訪問。
	6月23日	嫌煙権の会と法律家の会が国鉄に対し、全ての列車に禁煙車両を半数以上と要請。
	11月25日	全国協議会が市ヶ谷・家の光会館で「喫煙の場所的制限を考えるシンポジウム」開催。
1979年	7月1日	「ひかり号へも禁煙車を！」と呼びかけて「100万人署名運動」開始。
	8月15日	「嫌煙権だより」創刊号発行。平山雄博士が「これからが厳しい戦いだ！」と寄稿。その他、浅野牧茂、中田喜直、草川昭三、林高春、牧野賢治の各氏からも寄稿。
	12月10日	嫌煙権の会と法律家の会が国鉄本社を訪ね3万5000余の署名を持参。「ひかり号にも禁煙車を」と迫る。
1980年	4月6日	世界保健デー弁論大会開く。「タバコについてこう思う」と題して「青少年の部」と「一般の部」各6名の入選者を選ぶ。審査員、平山雄、春日斉氏（東海大教授）ら。
	4月7日	国鉄と国（厚生省）、専売公社を相手取って、東京地裁に「すべての列車の半数以上を禁煙に」と、「嫌煙権訴訟」を提訴。弁護団長、伊佐山芳郎氏。

	10月1日	国鉄のダイヤ改正で「ひかり号」自由席に初めて禁煙車が誕生。
	10月6日	東京弁護士会が「嫌煙権の法的根拠シンポジウム」開催。小林直樹東大教授が講演。
	11月5日	日本癌学会で平山雄博士が「喫煙者の妻の肺がん死亡率は2倍以上」と報告。
1981年	1月23日	法律家の会が日本専売公社の「たばこと健康Q＆A」を公正取引委員会に告発。
	3月23日	東京弁護士会公害対策委員会が「タバコ公害を考えるシンポジウム」開く。
	6月22日	国際消費者機構（IOCU）総会で「タバコ販売抑制」「非喫煙者の権利擁護」を決議。
	7月26日	福岡市営地下鉄、駅ホーム全面禁煙で開業。
1982年	3月27日	全国協議会が「たばこ民営論をめぐる諸問題シンポジウム」開催。
	5月21日	嫌煙権の会と法律家の会、日本心臓財団が、労働省に初めて喫煙規制を申し入れ。
	5月29日	厚生省が「職場の喫煙問題を考えるシンポジウム」開催。350名参加、盛会に。
	11月20日	日本航空が禁煙席を倍増、約4割に。全日空、東亜国内航空も追随の予定。
	12月3日	中田喜直氏が代表となって「国鉄に禁煙車拡大を求める音楽家の会」結成。
1983年	4月19日	嫌煙権の会・法律家の会などが日教組を訪ね、槇枝委員長に「禁煙教育推進」を申し入れ。
	6月1日	札幌市営地下鉄の全駅ホームが禁煙に。
	7月3日	信濃町・東医健保会館で「禁煙教育をすすめる会」設立総会開く。200名が集い盛会に。
	7月10日	カナダ・ウイニペグで第五回「喫煙と健康世界会議」開く。帰路、サンフランシスコ市に立ち寄り、ウェンディー・ネルダー議長と懇談。「職場の禁煙条例」原文を入手。「雇用者は、喫煙者と非喫煙者の席や部屋を分けなさい」が骨子。公害問題専門誌『環境破壊』で、渡辺が「分煙条例」として紹介。 ※これが「分煙」のルーツ
	9月5日	禁煙教育をすすめる会などが、禁煙教育推進を求めて文部省に初の申し入れ。

年	月日	事項
1984年	4月7日	全国禁煙・嫌煙運動連絡協議会が呼びかけて各地で「禁煙週間」実施。
	5月17日	日教組に「禁煙教育を考える会」発足。渡久山長輝氏が代表。
	10月19日	全国協議会が明治製菓にタバコ販売会社設立撤回を要請。同社は断念。
	11月12日	「嫌煙権訴訟」で、国立公衆衛生院生理衛生学部長・浅野牧茂氏が東京地裁の法廷でスライドを使って、受動喫煙の健康被害を詳しく証言。
1985年	1月15日	全国協議会が主催して「中田喜直　クリーンエア・ミュージックの集い」を開催。東京・豊島区の十文字学園に1000人が参加。
	3月31日	平山雄博士退官記念講演会「ノーモア・タバコイヤーを語る」開催。
	4月1日	日本専売公社が日本たばこ産業株式会社に民営化。ただし、社長は長岡實前大蔵省事務次官で、株式は全て竹下登大蔵大臣名義。タバコ輸入も自由化された。
	4月2日	嫌煙権の会が山口敏夫労働大臣に職場の喫煙規制推進を申し入れ。
	4月5日	全国協議会が宮内庁に「恩賜のタバコ」廃止の申し入れ。
	5月1日	平山雄博士が東京・市ヶ谷に「予防がん学研究所」設立。
	11月16日	たばこ問題情報センター設立。代表に平山雄氏。事務局長に渡辺文学。
1986年	3月3日	東京地裁で「嫌煙権訴訟」結審。
	4月1日	足立区役所本庁舎が分煙でスタート。飯田豊彦区議の努力実る。23区で初の分煙庁舎に。
	6月13	全国協議会が中田喜直氏らと東京都を訪ね、続副知事に「新庁舎分煙」の申し入れ。
	11月8日	全国協議会が「たばこのテレビCMを考えるシンポジウム」開催。民放各社にタバコCM禁止を要請。
1987年	2月6日	千代田区麹町会館で「喫煙と健康女性会議」発足。
	3月27日	東京地裁「列車内の受動喫煙被害は受忍限度内」と棄却判決。但し喫煙者に対し「加害者であることを自覚し自制を」と求め、原告は「実質勝訴」と控訴せず、判決確定。

	4月1日	外国タバコの関税が撤廃され、日本のタバコとほぼ同じ価格で販売開始。
	10月16日	厚生省が初めて『喫煙と健康問題に関する報告書』（たばこ白書）を刊行。
	11月9日	東京・経団連会館で第6回「喫煙と健康世界会議」開催。56か国から700名参加。
1988年	1月1日	東京の営団地下鉄と都営地下鉄が「駅改札内・終日全面禁煙」に。
	2月26日	安井幸一氏が日本で初の「禁煙タクシー」の認可を受ける（運輸大臣・石原慎太郎）。
	4月1日	個人タクシー18台が屋根に「禁煙」の行燈を掲げ銀座通りをパレード。 日本航空が3路線を前面禁煙に。 横浜市営地下鉄と京都市営地下鉄が終日全面禁煙に。
	4月7日	WHOが創設40周年を記念して、初の「世界禁煙デー」を提唱。
	10月24日	「国連デー」に平山雄氏と渡辺文学が、WHOから「禁煙運動賞」受賞（受賞者は、米エベレット・クープ公衆衛生総監、カナダのジェイク・エップ厚生大臣との4名で驚く）。
1989年	4月1日	タバコと健康全国協議会の機関紙として『タバコと健康』創刊。
	5月31日	第2回目の「世界禁煙デー」で、厚生大臣がメッセージ。
	6月11日	台湾・台北で「アジア太平洋タバコ対策会議」（APACT）結成総会開く。初代会長に、董氏基金会厳道会長が就任（12日まで）。
1990年	4月1日	オーストラリア・パースで第7回「タバコか健康か世界会議」開く（5日まで）。
	5月31日	厚生省が初めて「世界禁煙デー記念シンポジウム」を開催。
	8月26日	浅野晋弁護士の提唱で、千代田区の「はみ出し自販機実態調査」開始。
1991年	4月1日	東京都の新庁舎が換気装置を別系統にして「分煙」でオープン。
	7月8日	香港で「国際消費者機構世界会議」（IOCU）開く。タバコ規制を決議。
	11月5日	嫌煙権確立をめざす人びとの会が、日本航空、全日空などに全面禁煙を申し入れ。

年	月日	事項
1992年	3月30日	ブエノスアイレスで第8回「タバコか健康か世界会議」開催。80か国から1000人参加。
	5月20日	たばこ問題情報センターが、全国会議員751名の議員会館事務所に電話アンケートを実施し喫煙状況を調査。喫煙率32・9％と判明。
	5月31日	「日本禁煙推進医師歯科医師連盟」結成総会。五島雄一郎東海大名誉教授が会長に。 日本テレビが「タバコ野放し国ニッポン」を放送。
	6月25日	JR東日本・小山駅勤務の板子文夫氏が、事務室内禁煙を求めて東京地裁に提訴。
	10月1日	福岡県北野町が全国初の「ポイ捨て禁止条例」施行。
1993年	2月9日	タバコと健康首都圏協議会が宮内庁を訪ね「恩賜のタバコ」廃止を要請。
	5月28日	厚生省が『喫煙と健康問題に関する報告書』（タバコ白書）第2版発行。
	6月6日	大宮ソニックシティで第3回「APACT総会」開催。18か国から250名参加。
	7月1日	東京・港区芝の青年会館で東京弁護士会が、「タバコホロコースト市民法廷」と題して模擬裁判劇を上演。JTに有罪判決。
1994年	1月9日	JR船橋駅構内で、男性喫煙者のタバコが幼女のまぶたにあたり、失明寸前に。
	2月1日	JR千葉支社が「ストップ・ザ・迷惑たばこ」と銘打って大々的なキャンペーン実施。
	2月21日	警視庁がJTなど9社に対し「自販機問題」で、道路法・道路交通法違反として書類送検。
	10月10日	パリで第9回「タバコか健康か世界会議」開催。88か国から1300人が参加。
1995年	3月29日	「たばこ行動計画検討会」が厚生省に報告書提出。CM禁止、自販機の規制強化など。
	5月31日	WHO「喫煙が原因で10秒に1人・年間300万人が死亡」とタバコ規制強化を訴え。
	7月26日	東京地裁「はみ出し自販機は広告塔」と判決。JTなどに占有料支払いを命じた。
	9月5日	全国協議会と首都圏協議が運輸省と航空会社に「旅客機内全席禁煙」を申し入れ。

年	月日	事項
	11月22日	タイ・チェンマイで第4回「APACT」開催。30か国から330名参加。
1996年	1月4日	日本棋院棋士会が対局場から喫煙を禁止することを決定。
	2月22日	労働省が「職場における喫煙対策のためのガイドライン」を策定。
	9月26日	タバコ問題首都圏協議会が、経団連と連合に職場の分煙対策徹底を申し入れ。
1997年	6月20日	全米40の州政府が大手タバコ会社に対して起こした損害賠償訴訟で、今後25年間で総額3685億ドル（42兆円）の支払いを軸とする和解が成立。
	8月24日	北京で第10回「タバコか健康か世界会議」開催。110か国から2000人参加。
1998年	2月1日	シンガポール航空、日本路線も全席禁煙に。
	2月7日	長野冬季オリンピック、会場内全面禁煙で開幕。
	5月15日	タバコ病患者7名がJTと国を相手取って東京地裁に提訴。喫煙が原因の患者自身が損害賠償を求めた裁判は、日本で初めて。弁護団長は伊佐山芳郎氏。
1999年	1月14日	アメリカの消費者団体「パブリック・シティズン」が世界各国のタバコ警告表示を採点「日本は零点」に。他国はどの国も5点以上。
	3月11日	JTがRJRナビスコの海外タバコ部門を買収し、世界第3位のメーカーとなる。
	4月1日	日本航空と全日空が、国内線フライトを全面禁煙に。
	11月15日	WHOが「神戸国際会議」開く。ブルントラント事務局長が出席し「タバコは麻薬並みに扱うべきだ」と重要性を訴え。JTの海外進出に対し反対署名集まる。
2000年	3月1日	横浜スタジアムとグリーンスタジアム神戸がスタンド観客席を全面禁煙に。
	5月28日	全国禁煙・分煙推進協議会が、港区・青山学院大学講堂で米フィリップモリス社の元研究員ビクター・デノーブル氏を招き特別講演。ニコチンの依存性について詳しく証言。宮﨑恭一氏がデノーブル氏の招聘と会場（青学）の交渉を全て行った。

	7月14日	米フロリダ州高裁が、大手タバコ会社を相手取った集団訴訟で、各メーカーに対し、米裁判史上最高額となる１４５０億ドル（15兆６０００億円）の懲罰的賠償を認める判決。
	10月16日	ジュネーブで「タバコ規制枠組み条約」会議始まる。米・日・ドイツの3国が「悪の枢軸国」として、NGOの国際組織から告発され不名誉な「汚い灰皿賞」を受賞。
２００1年	2月23日	宮内庁が「恩賜のタバコ廃止」を決定。１９３４年からの慣行にピリオドを打った。
	3月25日	青森県深浦町議会が屋外のタバコ自販機撤去条例を可決。
	4月1日	日本棋院が、囲碁の対局を全面禁煙と決定。
	5月27日	「世界禁煙デー」特別イベントとして、港区・青山学院大学で、映画「インサイダー」のモデル、ジェフリー・ワイガンド氏を招き講演。７２０名が参加。盛会に。ワイガンド氏の招聘と会場の手配は、昨年に引き続き宮崎恭一氏が担当した。
	10月10日	ニコチンガムのOTC（店頭販売）が認可され、薬局・薬店で購入可能に。
２００2年	3月7日	禁煙推進議員連盟が超党派で結成。会長に綿貫民輔氏、事務局長に小宮山洋子氏。
	3月25日	青山の神宮球場がスタンド全面禁煙に。
	4月1日	和歌山県が、小・中・高校の「学校敷地内全面禁煙」を実施（日本で初）。
	9月27日	広島球場がスタンド全面禁煙に（残ったのは甲子園球場だけとなった）。
	10月15日	ジュネーブで開かれているWHOの「タバコ規制枠組み条約」交渉の中で、各国のNGOが、日本政府に「マルボロマン賞」を授与。時代遅れの恐竜と批判。
	11月1日	千代田区「路上喫煙禁止条例」を実施。違反者から2０００円の「過料」徴収はじまる。
２００3年	1月28日	日本医師会（坪井栄孝会長）が「禁煙推進宣言」。タバコ規制強化で政府に申し入れ。
	3月9日	甲子園球場がスタンド全面禁煙に。これでドーム球場以外の全球場が禁煙となった。
	5月1日	「健康増進法」施行。私鉄駅構内や高速道路のSA・PAが全面禁煙に。

	9月9日	長野県・田中康夫知事が、県庁全施設での全面禁煙を打ち出し、即日実施。
	10月21日	「タバコ病訴訟」で東京地裁・浅香紀久雄裁判長は、「ニコチンの依存性はアルコールより格段に弱い」として、原告の訴えを棄却（世界中の専門家が批判）。原告は控訴。
2004年	3月13日	「大相撲升席も禁煙に」とたばこ問題情報センターが大阪府教育委員会などに要望。
	7月12日	江戸川区の職員河村昌弘氏が東京地裁に訴えていた裁判で、東京地裁は区に5万円の慰謝料を命じる判決。受動喫煙関連訴訟で初めての勝訴。
	7月22日	タクシーの禁煙化を求めて、運転者3名と利用者23名が、国（国土交通省）を相手取って損害賠償訴訟を東京地裁に提訴（原告代表・安井幸一氏）。
	11月13日	大和浩教授と中田ゆり研究員が、「新幹線禁煙車も煙まみれ」と粉塵濃度を検査。
2005年	1月10日	大相撲・国技館の升席を含め、全席全面禁煙となった。
	1月19日	横浜地裁にタバコ病患者の3氏が、損害賠償を求めて提訴。東京に続き2度目。
	2月27日	「タバコ規制枠組み条約」（FCTC）発効。東京・三鷹の杏林大学で禁煙推進医師連盟の総会出席の有志が集い、FCTCの人文字を作って祝った。
	6月22日	「タバコ病訴訟」控訴審で、東京高裁秋山寿延裁判長は「嗜好品」を柱に棄却判決。
	12月20日	「禁煙タクシー訴訟」で東京地裁柴田寛之裁判長は「受動喫煙の健康影響は看過できない」「全面禁煙が望ましい」と付言。原告は「実質勝訴」と控訴せず、判決確定。
2006年	4月1日	禁煙治療に健康保健の適用が認められ、スタート。
	4月13日	マーク・ギブンス氏が、鹿児島佐田岬を「禁煙は愛」ののぼり旗を肩に遍路姿で日本縦断ウオークに出発（目的地は北海道宗谷岬までの3000キロ）。
	5月30日	安井幸一氏が、東京タクシーセンターを相手どって東京地裁に損害賠償訴訟を提訴。
	6月1日	東京都の銭湯組合が値上げを機に「脱衣所・ロビーの全面禁煙」を打ち出す。

	7月17日	マーク・ギブンス氏が宗谷岬に到着。88日間の偉業達成。
	8月10日	日本禁煙学会がＮＰＯ法人としてスタート。理事長に作田学氏。
２００７年	2月14日	神奈川県の「受動喫煙防止条例」制定についてのアンケートに対し、ＪＴが組織的な反対投票をさせていたことがメディアの報道で明るみに。ＪＴは開き直りのコメント。
	3月18日	ＪＲ東日本とＪＲ北海道が全ての新幹線と特急を全面禁煙に。
	4月1日	大分市を皮切りに、名古屋、神奈川、静岡、山梨、富山、千葉、愛知、茨城、新潟、東京、埼玉など「禁煙タクシー」全国各地に広がる。
２００８年	1月7日	東京のタクシー５万２０００台が、全面禁煙で運行開始。メディアが大きく報じた。
	2月18日	「嫌煙権確立をめざす人びとの会」が30周年を迎え、東京・四谷のプラザエフで記念フォーラム開く。
	3月4日	日本財団・笹川陽平会長が「たばこ1箱１０００円」を提唱（『産経新聞』「正論」で）。
	5月31日	広島市・秋葉忠利市長が全職員の禁煙化を目指して禁煙宣言。9月以降全庁舎禁煙に。
	6月3日	日本学術会議が「脱たばこ社会」宣言。大幅増税や警告表示の強化など7項目を提言。
２００９年	1月18日	神奈川県民ホールで「たばこ対策と受動喫煙防止条例」と題するタウンミーティングを開催。松沢成文知事が県民に訴えた。１０００名以上が参加、盛会に。
	3月8日	インド・ムンバイで「第14回タバコか健康か世界会議」開催。
	3月24日	神奈川県議会で日本初の「受動喫煙防止条例」成立（２０１０年4月から施行）。
	6月22日	オバマ大統領がタバコの製造・販売を大幅に規制する権限を食品医薬品局（ＦＤＡ）に付与する法案に署名。米国初の包括的なタバコ規制法が成立した。
	6月23日	日本医師会会館で「ドイツの受動喫煙防止法に学ぶ」と題する講演会開催。ドイツ連邦議会のローター・ビンディング議員が熱弁ふるう。

年	月日	事項
	6月24日	「横浜タバコ病訴訟」が結審。ＡＰ通信の影山記者が水野氏を取材し、世界に発信。海外の１０００社以上がこの記事を掲載し、日本の遅れたタバコ事情を報道。
	9月12日	札幌のシェラトンホテルで「第４回日本禁煙学会学術総会」開催。秦温信介会長で５００名参加。
	11月25日	「禁煙推進議員連盟」が総選挙後初の会合開く。新会長に参議院議員・尾辻秀久氏。
２０１０年	1月20日	「横浜タバコ病訴訟」で水野邦夫裁判長は有害性を認めたが棄却判決。しかし付言で「今後のたばこの製造・販売のあり方は国会審議で」と苦し紛れの言い訳。
	2月25日	厚生労働省が、公共施設を全面禁煙にすべきとの通達を都道府県などに送付。
	4月1日	「神奈川県受動喫煙防止条例」が施行された。マスコミが大きく報道。
	9月28日	厚生労働省研究班が「受動喫煙による肺がん・心臓病で年６８００人が死亡」と報告。
	12月15日	神奈川県庁の大会議室で、松沢知事と林望氏（リンボウ先生）が「ストップ受動喫煙」と題して『禁煙ジャーナル』２０１１年新年号掲載の対談実現。渡辺が司会を務めた。
	12月20日	栃木県小山市に「全面禁煙アパート」誕生。敷地内完全禁煙を入居条件にしたアパートは日本で初めて。オーナーは、ＪＲ東日本禁煙訴訟の原告、板子文夫氏。
	1月12日	横浜市で「公益社団法人・受動喫煙撲滅機構」（田中潤理事長）が発足。
２０１１年	3月20日	日本禁煙学会が、東日本大震災に際し「買いだめよりも吸わない選択を」と声明。
	2月25日	東京・市ヶ谷の自動車会館で「タクシー全面禁煙達成記念フォーラム」開催。
	9月25日	受動喫煙撲滅機構が『ＳＴＯＰ受動喫煙新聞』創刊号発行。
	9月5日	小宮山洋子厚生労働大臣誕生。初の記者会見でタバコ７００円を提言。
	9月12日	「東海道スモークフリーキャラバン」実施。静岡を振り出しに、兵庫まで、各府県の知事と議長宛に「受動喫煙防止条例」の制定を求めて要望書・陳情書を提出（関口正俊氏の発案）。

	11月24日	「タバコフリーフォーラムin国会」開催。全国から24団体が参加し、森田純二代表らが地方における禁煙推進活動の実態を報告。国会の取り組み強化を訴え。
2012年	3月14日	東京高裁で「横浜タバコ病訴訟」判決。福田剛久裁判長は「嗜好品」を強調、不当判決。原告は最高裁へ上訴を求めたが、福田裁判長がこれを棄却。国賠訴訟を検討。
	4月1日	「東日本スモークフリーキャラバン」実施。埼玉を振り出しに、東北６県と茨城、千葉を経由、東京都に対し、「受動喫煙防止条例」の制定を求めて要望書を提出。
	8月15日	オーストラリアの最高裁がタバコの「プレインパッケージ法」合憲判決。世界各国の禁煙推進団体が祝辞を送った。
	8月16日	文部科学省の調査で、全国の幼稚園、小・中・高校のうち、４月時点で全面禁煙を実施している学校が80％に上ることが分かった。
	9月15日	受動喫煙で体調を崩した男性が勤務先の社長にベランダでの喫煙を求めたところ解雇され、提訴。東京地裁は、解雇無効と未払い賃金４７５万円の支払いを命じる判決で、原告勝訴。岡本光樹弁護士が厚生労働省で記者会見。
	10月23日	日本医学ジャーナリスト協会設立25周年で『禁煙ジャーナル』が「特別賞」受賞。
	11月12日	ソウルでＦＣＴＣの「ＣＯＰ５」開催。日本政府代表8名と禁煙学会から作田理事長、宮﨑恭一氏らが参加。
2013年	1月29日	「マイルドセブン」が「メビウス」に銘柄名を変更。
	2月9日	天童市で「第22回禁煙推進医師歯科医師連盟」の学術総会開催。
	2月22日	禁煙推進学術ネットワークが「タバコの煙に大量のＰＭ２・５」と厚生労働省で記者会見。
	2月27日	日本禁煙学会が「ＦＣＴＣ」の発効記念日を前に、全国会議員に「ポケットブック」配布。
	4月1日	「兵庫県受動喫煙防止条例」施行。藤原久義医師の努力実る。

年	月日	事項
	4月7日	「第3次スモークフリーキャラバン隊」山梨県を振り出しに長野、富山、石川、福井、鳥取、島根、広島、愛媛、香川、高知、徳島、岡山、三重など14県を訪問。
	8月13日	安井幸一氏の「禁煙タクシー訴訟」が結審に（判決は2014年1月14日）。
	8月18日	幕張メッセで第10回「APACT」開催（21日まで）。
	8月31日	「第4次スモークフリーキャラバン隊」北海道内7市を訪問（9月7日まで）。
	11月5日	松沢成文議員が参議院予算委員会で「東京オリンピックの無煙化」を提言。
2014年	2月18日	「第5次スモークフリーキャラバン隊」山口県と九州7県を訪ね「受動喫煙防止条例」の制定を要請（3月1日まで）。
	2月22日	福岡県歯科医師会館で「第23回禁煙推進医師歯科医師連盟」の学術総会開催。
	4月8日	「タクシー・ハイヤーの完全禁煙をめざす会」が国土交通省に申し入れ。
	4月27日	山形市の保健センターで「受動喫煙防止上条例を求める集会」開く。
	5月2日	禁煙・嫌煙権運動に多大の貢献を果たして頂いた穂積忠夫弁護士が他界。
	8月1日	『禁煙ジャーナル』創刊25周年記念号発行。林望氏が特別寄稿。
	10月13日	第6回「FCTC締約国会議」（COP6）に作田学理事長、宮﨑恭一、中村正和、関口正俊の4氏が出席。180か国から1000名参加（18日まで）。
	11月1日	「受動喫煙問題」の解決に向けて多大の貢献をされた浅野牧茂博士が他界。
	11月15日	沖縄で第8回「日本禁煙学会学術総会」開催。山代寛総会会長。
	11月30日	日本財団で「オリンピックを成功させるためのシンポジウム」開く。
2015年	2月1日	『禁煙ジャーナル』新春号に「国民の健康を質に金を儲ける日本国」と題して大橋巨泉氏から特別寄稿を頂く。
	2月28日	築地の国立がんセンター研究所で第24回「禁煙推進医師歯科医師連盟学術総会」開催。

	3月10日	参議院議員会館で「受動喫煙防止法を実現する議員連盟」（尾辻秀久会長）の会合開催。ＷＨＯのダグラス・ベッチャー博士が特別講演。
	3月17日	アブダビで第16回「タバコか健康か世界会議」開催。宮﨑恭一氏他5氏が参加。
	11月19日	神奈川県の自動車教習所における「スモハラ訴訟」（原告・小野里純彦氏）の判決は、請求棄却・敗訴となったが、テレビ、新聞が大きく報道。〝画期的敗訴〟となった。
	11月21日	熊本市で第9回「日本禁煙学会学術総会」開催。橋本洋一郎会長で１０００名が参加。
	12月8日	北海道美唄市で「受動喫煙防止条例」が制定された。井門明医師の努力実る。
２０１６年	4月11日	「スモークフリーキャラバン隊」東京都下に「受動喫煙防止条例」の制定を要請。檜原村を皮切りに、5月20日まで、都下26市と3町1村を訪問。
	7月1日	「美唄市受動喫煙防止条例」施行。井門明医師の努力で。
	7月27日	「スモークフリーキャラバン隊」江戸川区～新宿区まで23区を8月24日まで訪問。
	7月30日	築地の国立がん研究センターで「タバコ対策国際シンポジウム」開催。シドニー大学のサイモン・チャップマン博士が記念講演。
	9月23日	北京国際センターで第11回「ＡＰＡＣＴ」開催。28か国から８００名参加。
	10月29日	東京のコングレスクエア日本橋で第10回「日本禁煙学会学術総会」開催。尾﨑治夫大会長（東京都医師会会長）で１１００名参加。
	11月7日	「ＦＣＴＣ」の第7回締約国会議（ＣＯＰ10）が、インドで開催。
２０１７年	1月31日	有楽町の外国人特派員協会で、日本禁煙学会が、「タバコ問題」で初の記者会見。作田理事長、宮﨑恭一、望月友美子氏が出席。
	5月27日	東京都医師会館で「タバコフリーオリンピックを目指して」シンポジウム開催。
	10月10日	「子どもを受動喫煙から守る」初の東京都条例が成立。岡本光樹都議の努力実る。

	11月4日	京都テルサで第11回「日本禁煙学会学術総会」開く。高橋正行大会長で1100名参加。
2018年	2月1日	『禁煙ジャーナル』（1～2月合併号）が「嫌煙権運動40周年特集号」発行。
	2月18日	横浜市の開港記念館で第27回「禁煙推進医師連盟学術総会」開催。
	3月7日	アフリカ・ケープタウンで第17回「タバコか健康か世界会議」開催。100か国から2000名参加。日本から9名が出席（作田学、宮﨑恭一、望月友美子氏ほか）。
	4月1日	「東京都子どもを受動喫煙から守る条例」施行。岡本光樹都議の努力で。「福山市（広島県）子ども及び妊婦を受動喫煙から守る条例」施行。
	5月1日	『禁煙ジャーナル』通巻300号発行。
	6月28日	東京都議会で「受動喫煙防止条例」が制立。
	7月18日	「改正健康増進法」が参議院本会議で可決成立したが、「屋内全面禁煙」は骨ぬきに。
	9月13日	インドネシア・バリ島で第12回「APACT」開催。作田学理事長と宮﨑恭一氏が参加。
	10月1日	ジュネーブで第8回「締約国会議」（COP）開催。加熱式タバコの規制が焦点。
	11月10日	高松市のかがわ国際会議場・サンポートホール高松で第12回「日本禁煙学会学術総会」開催。森田純二実行委員長で、1200名参加。
	12月10日	「大阪府子どもの受動喫煙防止条例」施行。
2019年	2月24日	千葉県医師会館で第28回「禁煙推進医師歯科医師連盟学術総会」開催。藤澤武彦大会長で300名参加。
	4月18日	東京都医師会館で「禁煙推進企業コンソーシアム」の発足集会開催。小池知事も出席。
	8月7日	築地の国立がん研究センターで「令和の新タバコ対策」シンポジウム開催。
	11月3日	山形テルサで第13回「日本禁煙学会学術総会」開催。川合厚子大会長で1400名参加。
2020年	2月16日	東京都医師会館で第29回「日本禁煙推進医師歯科医師連盟学術総会」開催。

年	月日	事項
	2月21日	日本禁煙学会が「新型コロナと喫煙の強い関連性」について、厚生労働大臣に申し入れ。その後厚労省記者クラブで会見を行った。
	4月1日	「改正健康増進法」施行（厚生労働省の原案からかなり骨抜きとなった）。「東京都受動喫煙防止条例」施行。岡本光樹都議（弁護士）の努力実る。「静岡県受動喫煙防止条例」施行。
	11月14日	福島・郡山市のビッグパレットふくしまで、第14回「日本禁煙学会学術総会」開催。実行委員長は齊藤道也氏で延べ１４００名参加。
	1月29日	「千葉市受動喫煙防止条例」施行。
2021年	3月28日	日本の禁煙推進活動に大きな貢献をされた島尾忠男氏（96歳）逝去。
	5月22日	福島県立医科大キャンパスで第30回「日本禁煙推進医師歯科医師連盟学術総会」開催。大会長は風間咲美氏でオンライン開催。
	10月16日	大分のＪ：ＣＯＭホルトホールで、「第15回日本禁煙学会学術総会」開催。実行委員長に杉尾賢二氏で現地参加１８０名とハイブリットでの参加が８００名（17日まで）。
2022年	11月19日	山形県喫煙問題研究会が、山形大学玉手英利学長に、ＪＴからの助成金を受け取らないよう申し入れ。大分大学から北野正剛学長が遠路この申し入れに同行。
	2月26日	静岡市医師会館で第31回「日本禁煙推進医師歯科医師連盟学術総会」開催。大会長・北野正剛氏（大分大学学長）で現地参加とハイブリットで２００名参加。
	5月31日	ＷＨＯの「世界ノータバコデー」で、「地球環境を破壊するタバコ」というメッセージを出し、タバコ製品による、木材、二酸化炭素、水などへの問題で有害影響を強く警告。
	10月29日	関西医科大学の協力で、第16回「日本禁煙学会学術総会」開く。大会長は郷間巌氏で、オンライン開催で８００名参加。
2023年	2月18日	「嫌煙権運動」が45周年を迎える。翌19日、無煙社会をめざす会の定例会で、中田みどり、伊佐山芳郎、牧野賢治の3氏と渡辺文学が当時の想い出などオンラインで懇談。

5月22日	議院の決算委員会で、松沢成文議員が「JTはロシアから撤退を」と政府に迫った。
5月31日	「世界ノータバコデー」にあたりWHOが「タバコより食料を」と提言。 「世界ノータバコデー」にあたり、福島県の齋藤道也医師の呼びかけに応じて、全国各地で「イエローグリーンキャンペーン」のライトアップが行われた。
9月27日	日本禁煙学会が、財務省、国土交通省、厚生労働省に申し入れ。厚労省記者クラブで記者会見も行った。
10月11日	第17回「日本禁煙学会学術総会」が、オンデマンド動画配信の新企画で開催。実行委員長は加濃正人氏で、750名が参加（12日まで）。

境を汚染しており、その清掃には巨額の税金が使われています。スペインではすでに清掃費用をタバコ会社に負担させる法令が施行されました。こうした、メーカーが製品の廃棄・リサイクルまで責任を負う「拡大生産者責任」の考え方は世界中に広まりつつあるのです。

私としても、タバコ会社が吸い殻を買い取る制度を作るべきだと考えています。たとえば、コンビニなどで１本１円で引き取れば、ポイ捨ては一気に減るはずです。JT は「拾えば街が好きになる運動」などを CSR として行っていますが、企業として、責任をもって後始末するべき時代です。

空き缶の中に吸い殻が。逆さまにしても出てきません。ペンチで穴を開けて取り出します（上）。これまでで最も多く吸い殻を拾った日の様子（下）。

ポイ捨ても課題

また、毎朝の活動ではタバコ以外のゴミのポイ捨ても相当数見つかります。大変なのは空き缶のなかに詰め込まれた吸い殻。すべてペンチで穴を空けて吸い殻を取り出し、分類しています。他にも、マスクや紙くずなどのゴミも多いです。地方自治体、警察署、ビールメーカー、飲料メーカーなども、タバコ会社と協同して「ポイ捨て禁止キャンペーン」に取り組むべきではないでしょうか。なお今年、アメリカの環境団体 STPA（Stop Tobacco Pollution Alliance）は、ニューヨーク・タイムズ社と共同で、タバコフィルタープラスチック汚染がもたらした環境汚染の全額補償を求めるキャンペーンを開始しています。

喫煙率は年々下がり、また受動喫煙の被害もようやく減ってきましたが、ポイ捨てについては残された大きな課題の一つです。

付録　「新型モク拾い」活動報告

９万本を突破！

2019年1月20日から、“Think Globally, Act Locally！（地球規模で考え、足下から行動を！）”という言葉を胸に、毎日ポイ捨てされた吸い殻を拾う活動を始めました。開始から４年10か月が経過した（2023年12月3日時点）現在、拾った吸い殻は総計で９万本を超えて、90,039本となりました。私鉄の小さな駅の周辺で、朝の散歩の際の30分間拾うだけで、1日平均60本にもなります。全国的には一体何百万本・何千本の吸い殻が捨てられているのでしょうか。

この活動は、「新型モク拾い」と名付けています。戦後の混乱期、ポイ捨てされたタバコの吸い殻を「モク拾い」して、再生させたものが闇市で売られることがありました。これに対し、私たちの吸い殻集めは「タバコを無くす」ことを目的としているので、「タバコ問題を考える会・千葉」の中久木一乗氏が「新型モク拾い」と名付けてくださいました。

街頭・公園・職場・家庭等で出た吸い殻ゴミは、全国の清掃工場で毎日燃やされ、有害物質が大気を汚しています。あるいは排水溝から海に流れこめばフィルターがマイクロプラスチックとなります。タバコ会社に罪の意識はないのでしょうか。

拾った吸い殻の総本数
(2019.01.20～2023.12.3)

2019.01.20～12.31	17,065本
2020.01.01～12.31	18,636本
2021.01.01～12.31	19,017本
2022.01.01～12.31	19,326本
2023.01.01～12.03	15,995本
合計	90,039本

タバコ会社が１本１円で……

2022年、WHOは、タバコごみの回収やタバコによる環境汚染の浄化費用はタバコ産業が全額負担すべきであるという声明を出しました。WHOによると、世界では毎年、推定4兆5000億本の吸い殻が環

渡辺文学（わたなべ・ふみさと）
通称、ぶんがく。1937年、旧満州ハルピン生まれ。禁煙ジャーナル編集長／日本禁煙学会理事／全国禁煙推進協議会副会長／受動喫煙撲滅機構理事／タバコ問題首都圏協議会前代表／嫌煙権確立をめざす人びとの会代表。

1956年都立千歳高校卒。1960年早稲田大学卒（在学中硬式野球部に在籍）。1970年「公害問題研究会」事務局長。1977年5月6日、1日60本のヘビースモーカーから禁煙（断煙）しゼロに。20年間の喫煙歴にピリオド。1979年「嫌煙権確立をめざす人びとの会」代表。1985年「たばこ問題情報センター」設立、事務局長。1988年WHOから禁煙運動賞受賞。1989年4月『禁煙ジャーナル』創刊（現在356号、2023年12月号時点）。2010年7月、一般社団法人タバコ問題情報センターに改称、代表理事に。2012年10月、『禁煙ジャーナル』が医学ジャーナリスト協会から特別賞受賞。
主な著書に、『タバコの害とたたかって』（大日本図書）、『たばこ病読本』（緑風出版）、『禁煙新時代』（虹出版社）、『煙が目にしみる』（実践社）、『タバコ病辞典』（監修、実践社）、『よみがえれ球音』（花伝社）ほか。

日本の嫌煙権運動45年史——「きれいな空気を吸う権利」を求めて

2024年1月30日　　初版第1刷発行

著者 ——渡辺文学
発行者 —平田　勝
発行 ——花伝社
発売 ——共栄書房
〒101-0065　東京都千代田区西神田2-5-11出版輸送ビル2F
電話　　03-3263-3813
FAX　　03-3239-8272
E-mail　info@kadensha.net
URL　　https://www.kadensha.net
振替 ——00140-6-59661
装幀 ——北田雄一郎
印刷・製本—中央精版印刷株式会社

ISBN978-4-7634-2101-2 C0036